1分钟读懂科

迷人的生物

苏小谦 著

海峡出版发行集团
THE STRAITS PUBLISHING & DISTRIBUTING GROUP | 福建少年儿童出版社
FUJIAN CHILDREN'S PUBLISHING HOUSE

前 言

　　说出来你可能不信，当你第一次观察蚂蚁的时候，你已经具备成为生物学家的潜质了。

　　生物学家是做什么的呢？顾名思义，生物学家研究生物和跟生物有关的一切。小到肉眼看不见的微生物，大到体形庞大的鲸，凡是有生命的物体，都是生物学家研究的对象。他们试图回答许许多多跟生物有关的问题，比如：生命是什么？生命是怎么出现的？这些问题看起来好像很简单，可是，数千年来，包括生物学家在内的无数科学家都无法准确回答。唯一可以确定的是，地球已经存在了约46亿年，第一个生命出现在大约35亿年前，从那以后，生命便开始变得越来越复杂！人类甚至到现在都无法确定，在这个宇宙中，是否还存在其他外星生命。

　　虽然有关生物的许多基本问题都难以回答，但生物学家仍然坚持不懈地努力着。他们忙个不停，揭晓一个又一个有关生物的秘密。如今，好些奇奇怪怪的问题已经有了答案，比如：大象和谁是亲戚？猛犸能不能复活？如果地球没有了植物，会怎么样……

　　生物学家知道得越来越多，这本书便试图为你讲清楚生物学家都知道些什么。

　　不得不说，生物学家有时极富神秘色彩。如果你去问一位生物学家整天都干些什么，他可能会回答你："我在研究鞘翅目昆虫的生物发光现象。"实际上他说的是：我正在观察黑暗中发光的甲虫。你瞧，科学家有时就是这么严肃。但你放心，这本书可不是一本严肃的生物教科书，更不是一本必须从第一页老老实实地读到最后一页的学习用书。当然啦，如果你有时间、有耐心，那样也很好。我一点儿也不觉得思维跳跃而发散有什么不好，你完全可以随手打开本书的任意一页，随时随地开始你的阅读！你会发现，这是一次不同寻常的生物学之旅，生物学远比你想象的迷人得多！

　　悄悄提醒你，最好把这本书放在离大人远点儿的地方。因为，他们可能也想读它。

　　等等——再提醒一下，当你读了这本书以后，你知道的就比大人知道的多得多。

目 录

第六章 人体是个"大"城市

第七章 地球有个生物圈

第八章 一切为了生存

第九章　演化：生命的历史

第十章　基因的秘密

后记　生命的未来

第一章

你真的了解生物吗？

嘿，我敢说，看完这一章，你再也不会随便说"我了解生物"！

什么？不可能？那我问你：什么是生物？"有生命的物体统称为生物。"好吧，第一个问题算你过关。

下一个问题：既然生物有生命，那么生命是什么？回答不上来了吧？

这不怪你，因为连科学家也没有标准答案。

接下来，我们便从生命出发，开启生物探索之旅。这趟旅程中，还有一个小伙伴——细胞陪着你。为什么是细胞呢？因为地球上绝大多数生物都是由细胞组成的。如果没有它，别说读这页书了，你连存在都不可能！

生命是什么？

我敢保证，你不是第一个被"生命是什么？"难住的人。

很久很久以前，久到我们的祖先刚刚学会思考，他们便发现，有生命的物体和没生命的物体之间有一些区别。

能吃　　不能吃　　能吃　　不能吃

祖先们那时还没创造出"生命"这个词，很可能把"能不能吃"和"有没有生命"画上等号。他们发现，有些特点只有能吃的东西才有，比如生长。

不能吃　能吃　　不能吃　能吃
长不大　能长大　长不大　能长大

祖先们还发现,有些事物远远超出他们的理解范围。他们目睹火山喷发,看见河流奔腾,远望太阳从东边升起,听风儿从耳边吹过。他们开始思考:为什么这些东西明明不能吃,却和能吃的东西一样会动、会生长?

要揭晓答案,必须先定义生命。但这对于祖先们来说太难了。

后来,文明出现,国家形成,科学开始启蒙。一代又一代人尝试定义生命,但每个定义都有漏洞。有些物体从某些方面看好像有生命,从另一些方面看又好像没有生命。

生命到底是什么?

生命是能够生长、维持并繁殖的事物。

这些特点我也有。

亚里士多德

掐指一算,我也有这些特点。

生命是怎么出现的？

和"生命是什么？"并驾齐驱的另一个问题"生命是怎么出现的？"同样困扰着科学家。

有些科学家认为，生命来自外太空。地球诞生之初，一直被各种天体——彗星、小行星、流星体等"狂轰滥炸"，正是在这个过程中，生命被这些天体带来了地球。他们还找到了证据，在一些陨石中发现了糖类和氨基酸，这两种物质可以形成蛋白质，而蛋白质是所有生命体都必需的物质。

另一些科学家认为，生命诞生于地球。在地球形成的早期，一些生命体必需的化学元素都已存在。只要时机成熟，这些化学元素就可以制造出生命。而原始地球很可能拥有过这样的机会。

大家的看法似乎都很有道理。你支持哪一种？我觉得，你有必要思考一下。

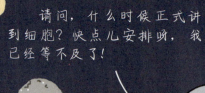

请问，什么时候正式讲到细胞？快点儿安排呀，我已经等不及了！

稍安勿躁。

12

生物识别指南

不得不承认，"生命是什么？""生命是怎么出现的？"可能是全宇宙最棘手的两个问题。科学家虽然不能完美解答，却总结出了生命的几大特征，拥有这些特征的便是生物。按照这份生物识别指南，科学家把生物分为微生物、植物和动物三大类。

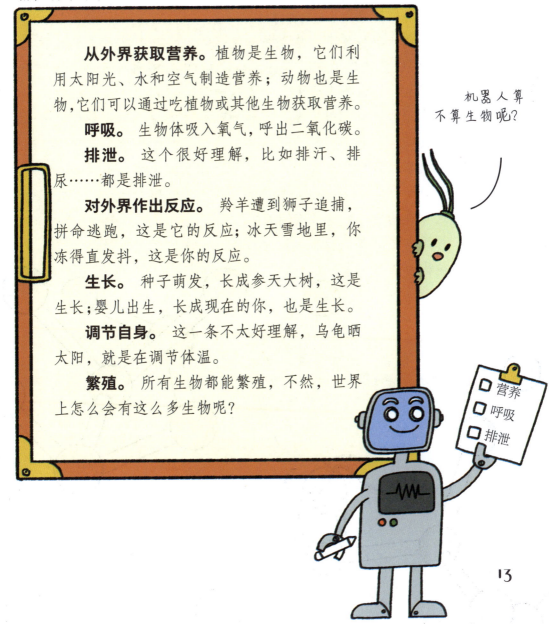

从外界获取营养。植物是生物，它们利用太阳光、水和空气制造营养；动物也是生物，它们可以通过吃植物或其他生物获取营养。

呼吸。生物体吸入氧气，呼出二氧化碳。

排泄。这个很好理解，比如排汗、排尿……都是排泄。

对外界作出反应。羚羊遭到狮子追捕，拼命逃跑，这是它的反应；冰天雪地里，你冻得直发抖，这是你的反应。

生长。种子萌发，长成参天大树，这是生长；婴儿出生，长成现在的你，也是生长。

调节自身。这一条不太好理解，乌龟晒太阳，就是在调节体温。

繁殖。所有生物都能繁殖，不然，世界上怎么会有这么多生物呢？

机器人算不算生物呢？

☐ 营养
☐ 呼吸
☐ 排泄

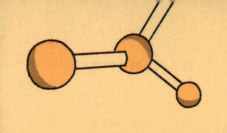
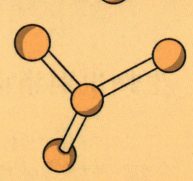

我们都是碳基生命

你也许在科幻小说或科幻电影里见过这个词——碳基生命。故事里，人们用碳基生命指代地球生命，似乎特别强调碳元素的重要性。这是怎么回事？

有这么一个科学事实你必须知道：地球上有90多种天然化学元素，其中20多种是生命必需的元素，在这20多种元素中，又有6种是组成生物的最基本元素，它们是碳、氢、氧、氮、硫和磷。

这些元素个个都很重要，但对地球生命来说，碳是最重要的元素。碳具有独一无二的特点——性格热情，并十分善于合作。它邀请氧、氢等元素和它一起，形成了所有地球生命都离不开的4种物质，即糖类、脂类、蛋白质和核酸。如果没有碳，地球上可能不会出现这4种物质，更不会有生命。

总而言之，碳是所有地球生命不可或缺的元素！正因如此，我们才被称为碳基生命。

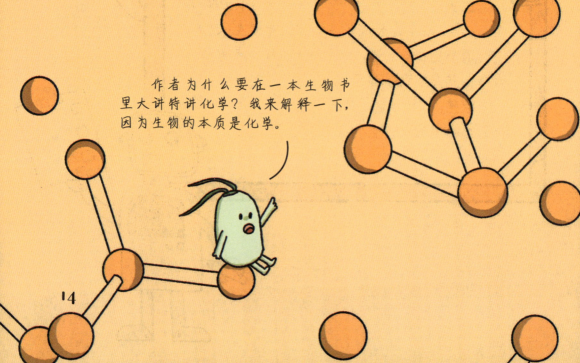

作者为什么要在一本生物书里大讲特讲化学？我来解释一下，因为生物的本质是化学。

走进科学家的实验室：一碗原始汤

喝碗热汤休息一下吧！这碗热汤是由科学家端上来的。它的汤底由原始地球的大气和海水共同熬制，里面有水、甲烷、氨气、氢气等成分。

啊哈，开个玩笑，这汤可喝不得。不过，有位名叫 S. 米勒的科学家用它干了件大事。

米勒认为，地球生命可能起源于一锅"原始汤"，在闪电的作用下，汤里一些简单的无机物通过化学反应，形成了生命需要的基本材料。为了验证这一点，1952 年，米勒在他的老师尤里的帮助下，进行了著名的"米勒－尤里实验"。

这个实验极大支持了生命的地球起源说，但生命究竟是怎样来的，还是一个谜。

他们在实验装置里加入一瓶水，注入甲烷、氨气、氢气等，模拟原始地球的海洋。之后，他们通过电火花放电来模拟当时的电闪雷鸣。仅仅一周后，他们惊奇地发现，装置中产生了一些特殊的化学物质。那些化学物质中有蛋白质的基本构成单位，而蛋白质又是一切生命的物质基础。

第二章
生命，从细胞开始

地球上绝大多数生物都是由细胞构成的。

假如把生物比作一座大厦，细胞便是构成大厦的一砖一瓦。当然啦，细胞是有生命的，比砖瓦要复杂得多！为了生物能正常地活着，细胞无时无刻不在忙碌着。

细胞实在是太忙啦！它们有多忙？这么说吧，此时此刻，在你的体内，每个细胞都像一个全速运转的工厂，有上亿个分子在里面忙来忙去，每秒都在进行着成千上万的化学反应。

这一章，我将带你去往遥远的过去，看看地球上的第一个细胞是怎么出现的。我还将带你进入细胞内部，看看细胞工厂是怎么运转的。

地球上第一个细胞

太酷啦！简直就是科幻大片！

我们赖以生存的地球已经存在了约 46 亿年。

初生的地球是一颗"剧毒"星球，不仅非常炽热，还覆盖着岩浆、有毒的气体和致命的射线。大约用了 10 亿年的时间，地球才渐渐冷却下来，有了海洋，并为孕育生命——地球上的第一个细胞做好了准备。

起初，细胞的"祖先"只是一堆简单的化学物质，它们拥有一项神奇的本领——复制自己。但仅仅这样还不行，在原始地球严酷的环境中，它们还得有能力保护自己。过了不知多久，一个偶然的机会来了，它们有了一层特殊的屏障，能够保护自己，于是，地球上第一个细胞诞生了。

大部分细胞，仅凭肉眼是看不到的，必须借助显微镜。

原始细胞不断复制自己，并随着环境的改变不断演化，变得越来越复杂。早期的细胞没有"核"，科学家称之为原核细胞，它们演化出"核"后，便成了复杂的真核细胞。时至今日，地球上的细胞已经变得种类繁多，形态各异，但它们都能被归入这两大类。

19

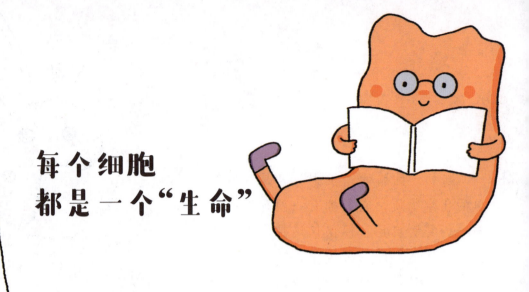

每个细胞
都是一个"生命"

你可能好奇过：活着是怎么回事？

这是个好问题！在这个地球上，无数人和你一样问过这个问题。过去，曾经有人认为，生物活着是因为体内有灵魂，植物有一个灵魂，动物有两个灵魂，我们人类有三个灵魂。又有人认为，生物活着是因为体内有一种神秘的机器在运转。还有人认为，生物活着是因为体内有一种看不见的活力物质。

别笑，这些说法确实都很幼稚，可它们在古时候都是很流行的说法呢！

后来，随着科学的发展，这些说法在证据面前都倒下了。人们坚持不懈地探索生命，直到认识了细胞，终于知道生物活着是因为细胞。

细胞也有运动、摄食、消化、排泄等功能，靠这些功能便可以存活。你可以这样理解：每一个细胞都是一个"生命"，会经历出生、长大、成熟、繁殖、衰老和死亡的过程。生物要想活着，就离不开活着的细胞。

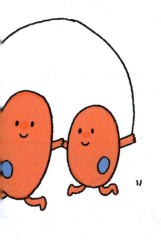

细胞形状图鉴

为了更好地完成活着的任务，生物体内的细胞们演化出不同的形状，有球形、方形、星形……还有柱状、杆状，甚至不规则的。

下面这幅细胞形状图鉴，请你收好！

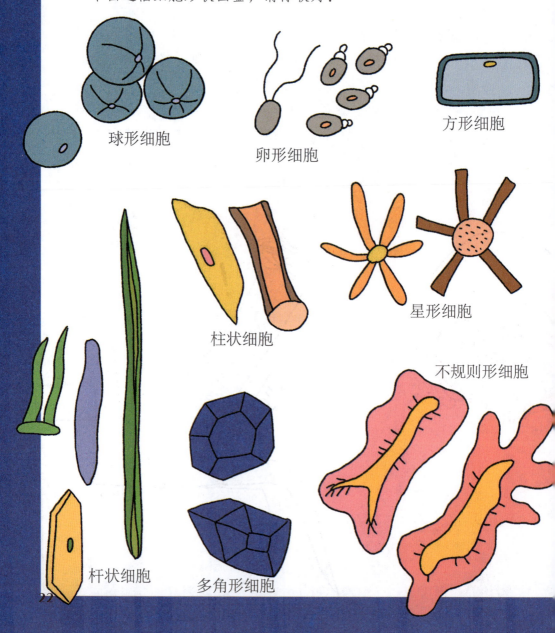

球形细胞

卵形细胞

方形细胞

柱状细胞

星形细胞

不规则形细胞

杆状细胞

多角形细胞

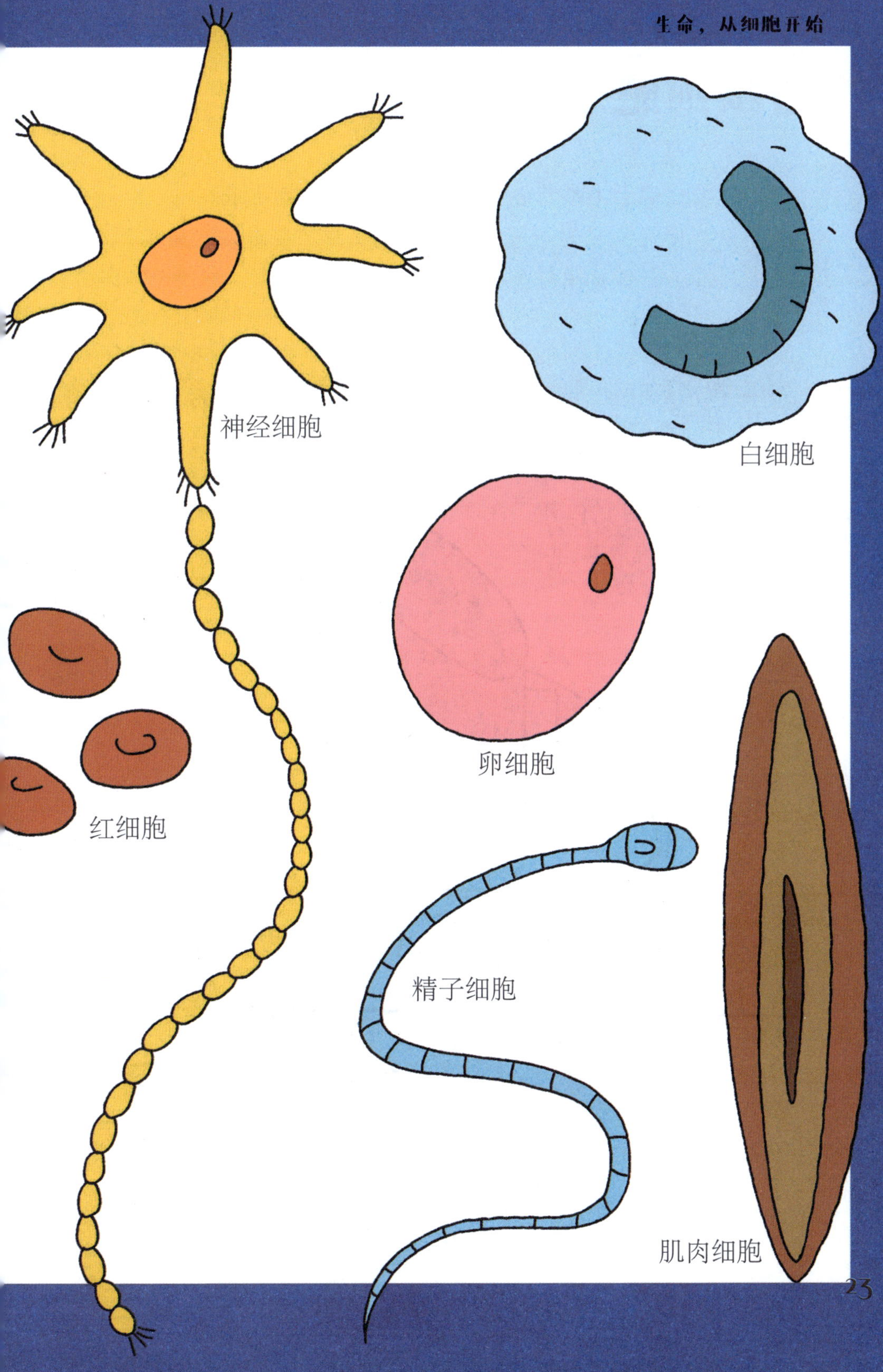

神经细胞

白细胞

红细胞

卵细胞

精子细胞

肌肉细胞

23

动物细胞工厂

细胞虽然看上去形状各异，但是，结构都差不多。

下面，你将参观的是一间动物细胞工厂。要进入这间工厂，你得先向门卫——细胞膜打个招呼。

细胞膜 细胞工厂的门卫，负责把工厂和外界隔离开。一切对细胞工厂不利的东西，都不能轻易进入。同时，细胞内部产生的废物也会通过细胞膜排出去。

细胞质 充满多种营养物质的黏稠液体。

核糖体

生产车间，主要负责生产蛋白质。蛋白质相当重要，你的骨骼、皮肤、肌肉、毛发、指甲都离不开它。

细胞核　细胞工厂的控制中心，负责指导整个工厂的工作。厂长DNA便待在这里，下达所有跟生产、运行有关的指令。

核膜　这层薄薄的膜能够决定哪些物质可以进入细胞核，哪些物质可以从细胞核里出来。

线粒体　动力车间，为工厂的运转提供能量。

25

植物细胞工厂

　　给动物细胞去掉一点点东西，再加上细胞壁、叶绿体和液泡，便能得到一个植物细胞。下面这幅图所示的便是一个放大了的植物细胞。

　　参观植物细胞工厂也要从门卫——细胞膜那里进入。

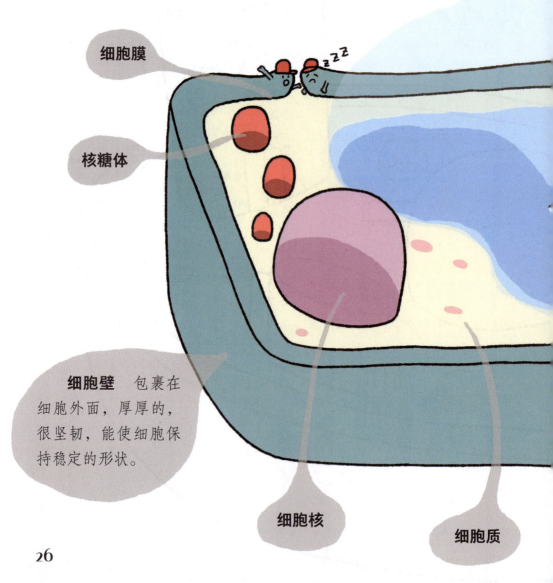

细胞膜

核糖体

细胞壁 包裹在细胞外面，厚厚的，很坚韧，能使细胞保持稳定的形状。

细胞核

细胞质

26

液泡 是一个大泡泡，里面充满了液体，主要用来储藏营养物质和水分。又红又甜的西瓜汁就主要来自西瓜细胞的液泡。当然啦，不是所有的植物细胞都有液泡。

叶绿体 像是一个大氧吧，能够利用阳光生产植物所需的营养物质。

线粒体

27

组装一个你

地球上的生物多种多样，有的只有一个细胞，叫单细胞生物；有的有多个细胞，叫多细胞生物。我们人类就是多细胞生物。人类的细胞不仅数量多，种类也多。在你的体内，有几百种细胞，数量总共有几十万亿个，按照每分钟数一个的速度计算，数完全身的细胞，需要几千万年！

这么多细胞，是怎么构成了你？

当然不是随随便便堆在一起，而是按照特定的顺序组装在一起。接下来，我们试着来组装一个你：

第一步，把相同种类的细胞联合在一起，组成多个庞大的细胞群——组织。特别提醒一下，人体的基本组织有四种，分别是上皮组织、肌肉组织、结缔组织和神经组织。这些名字不太好记，没关系，到了第六章，我们会换个方式聊它们。

肌肉细胞

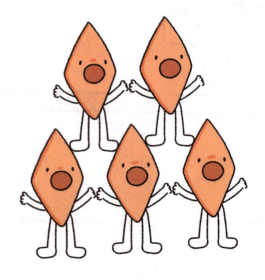

肌肉组织

第二步，把不同的组织相互结合在一起，形成器官，比如眼睛、鼻子、心、肝、胃、肠道等等。不同的器官具有特定的功能。

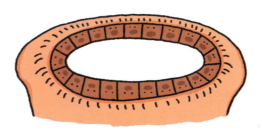

这是一截肠道。

第三步，把工作目标相同的器官按照特定次序组合在一起，构成系统。比如口腔、胃、肠道都是为了消化食物、吸收营养，它们可以组合在一起，形成消化系统。

消化系统

曾经……

看起来好像挺简单的，对吧？

最后，把不同的系统组合在一起，让它们分工协作，共同组成一个完整的你。

长大原来是这么回事

生物是怎么从肉眼看不见的细胞长成看得见的大个子的？

对于单细胞生物来说，这很简单，只要细胞长大，生物就长大了。对于多细胞生物来说，情况要复杂得多。细胞不会无限制地长大，但是，细胞可以"分身"，分出多个细胞，不仅如此，细胞还会"变身"，变出各种各样的细胞，最终，一大堆种类不同、体积变大的细胞组合在一起，就是一个"大个子"。

拿人体为例。起初，人只是由一个卵细胞和一个精子组合在一起的受精卵。受精卵不断生长，长到一定大小时，细胞开始分身，1个变2个，2个变4个，4个变8个……到了一定程度，细胞还会变身，变出一些形态、结构、功能都跟原来不同的新细胞，这些新细胞也拥有分身能力……最终，人体细胞的种类达到几百种，总数量达到几十万亿个。这时候的人体，已经不再是最初的受精卵，而是有各种细胞、组织、器官、系统的多细胞生物了。

走进科学家的实验室：细胞学的诞生

从前，有一位特别爱做手工的科学家，名叫罗伯特·胡克，他自己研制了一台显微镜。1665 年的一天，胡克用自制的显微镜观察一块软木薄片，发现了很多像蜂窝一样的结构，于是用拉丁语 cella（意思是"小房子"）为其命名，这个词翻译成中文便是"细胞"。虽然胡克看到的还不是真正的细胞，只是枯死的植物细胞壁，但他让"细胞"这个词第一次登上科学舞台。

100 多年后，显微镜变得很先进。一位名叫施莱登的科学家坚持用显微镜观察植物，他认为"所有植物都是由细胞构成的"。几乎同时，另一位科学家施旺也坚持用显微镜观察动物组织，他认为"动物也是由细胞构成的"。

1839 年，施莱登和施旺共同宣布：不管外形如何，所有生物都是由细胞构成的，细胞是构成生物的基本单位，也是生命的本源。

从此以后，"细胞学"成为一门新的学科，人们开始正式探索生命的起源。

第三章
看不见的微生物王国

　　嘘——此时此刻，在你的身边，藏着一个看不见的王国。这个王国的居民十分神秘——它们身材微小，小到你肉眼看不见；它们力量很大，大到能改变世界——它们就是微生物，包括细菌、病毒、真菌等。

　　微生物长什么样？它们为什么能改变世界？等读完这一章，你就知道了。

　　特别警告——千万别舔这页纸！如果你舔了，微生物可能会跑到你的肚子里。

小生物，大世界

微生物家族是地球上最古老的生物家族之一。

这个家族的成员个个都有极强的适应能力，它们无处不在，冰冷的极地、危险的火山、幽深的海底……空气中、土壤里、水里……到处都有微生物的身影。

这个家族的成员是世界上最小的生物，大部分得用显微镜才看得到。此时此刻，你嘴巴里就藏着不少。它们加起来的数量和比整个地球的人口还多！不过别担心，它们大部分都很忙，顾不上让你生病。

微生物个头虽小，"胃口"却极好。它们没有嘴巴，通过表皮吸收养分，几乎什么都吃，植物、动物、石油、石头……这些"食物"都能为微生物提供养分。吃饱喝足以后，微生物就能迅速繁殖了。它们繁殖速度特别快，大部分只需要1小时左右便可以制造出下一代，有些甚至只需要20分钟。

在你刚刚洗过的皮肤表面，在几小时之内，细菌就可以恢复到原来的数量——每平方厘米10万个！

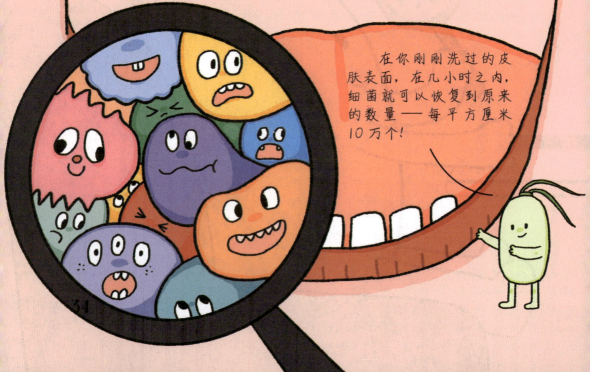

随处可见的细菌

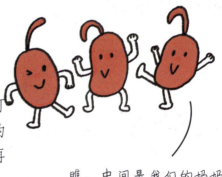

瞧，中间是我们的妈妈。

假如你能漫步在微生物王国，随处可见的便是细菌。作为单细胞生物，细菌的繁殖十分简单，分个身，1 个变 2 个，再分个身，2 个变 4 个……

谁也没我跑得快。

细菌种类繁多，长相迥异，主要分为球状、杆状和螺旋状。球状的细菌看起来圆圆的，叫作球菌；杆状的细菌外表像杆子一样，叫作杆菌；螺旋状的细菌长得弯弯曲曲的，叫作螺旋菌。它们无论长什么样，都有良好的运动能力。

我独一无二。

一些细菌特立独行，长有波浪一样的丝状物——鞭毛，寻找食物、躲避危险时，用鞭毛移动。一些细菌没有鞭毛，选择在物体表面"滑行"。由于没有眼睛，细菌只能通过感知温度、光线等的变化来感知环境的变化，从而决定朝什么方向运动。

鞭毛就是我的"腿"。

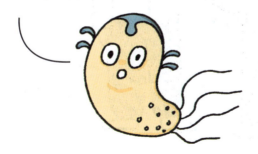

35

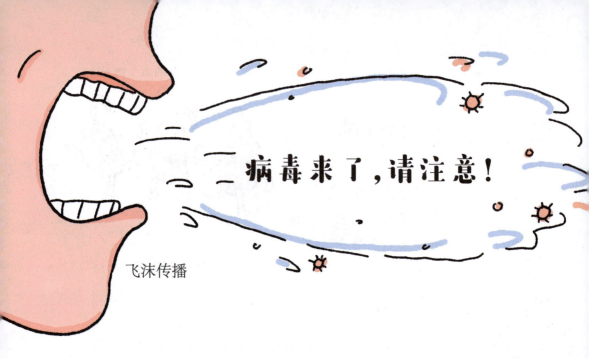

病毒来了，请注意！

飞沫传播

病毒是危险的家伙，也是细胞的敌人。

这家伙自己不能繁殖，却常常侵入动植物体内，"劫持"它们的活细胞，强迫细胞为它工作，帮它繁衍后代。有时候，它甚至会毫不留情地杀死"房东"。鉴于以上种种"劣迹"以及病毒无法自我复制的特点，有些科学家认为，不能把病毒归入生物，最多只能说它是介于生物和非生物之间的一种东西。

接触传播

粪口传播

病毒非常小，即使是加大号的潘多拉病毒，直径也只有 0.001 毫米。病毒结构简单，形态却各异，有球状、杆状、丝状、冠状等。咳，冠状病毒这个家伙，你肯定熟悉，近些年引发全球传染病大流行的便是它。

病毒家族还有一个特殊的群体——噬菌体，它们成员众多，喜欢住在充满细菌的地方，比如泥土、动物的肠道里。它们无所畏惧地进入细菌体内，杀死细菌。

总而言之，病毒这家伙，一般人讨厌它。

血液传播

真菌不止蘑菇

提起真菌，大多数人只能想到蘑菇。事实上，真菌家族远比人们想象的庞大，包括霉菌、酵母菌和蕈类三大类。你最熟悉的蘑菇属于蕈类，人们蒸馒头用的"酵头"、酿造啤酒用的真菌都是酵母菌，它可以使食物发酵。至于霉菌，是那些让食物发霉变质的真菌。

真菌喜欢待在黑暗、温暖和潮湿的地方，大多数真菌依靠孢子制造下一代。孢子很小，看起来像粉末，能够借助水、风等力量四处传播。它们生长在世界的各个角落，能扎根在动植物体内，也能乘坐火箭飞往外太空。有些真菌还能把动物变成"僵尸"，让它们的样子和行为变得十分怪异，著名的僵尸蚂蚁就是被真菌寄生和控制的蚂蚁，直到蚂蚁死亡，真菌才会抛弃它，去往别处。

真菌还特别爱在人类的皮肤上"安营扎寨"，让人患上烦人的手足癣，发痒难耐。哎呀，不说了，祝你健康！

真香！

超"极"微生物

接下来我要为你介绍一群顽强的家伙，它们能忍受极端恶劣的环境，如极冷、极热、高酸、高盐、高辐射等。你敢去它们生活的地方转转吗？

 **嗜冷微生物**　它能适应 -20℃的环境，喜欢生活在极地、深海、冰川等地方。

 **嗜热微生物**　它是地球早期的微生物之一，常年生活在温泉、火山、海底热泉等地方，最高可在 122℃的环境中生存。

 **嗜酸微生物**　它在高酸环境中茁壮成长，具有优秀的抗腐蚀性，科学家用它从矿石中提取金属。

 **嗜盐微生物**　它喜欢一切咸的地方，通常住在盐湖、死海等地方。由于身体里含有红色素，嗜盐微生物大量生长时，会使居住的环境显示出红色。

 **抗辐射微生物**　它是微生物中的极品。科学家在为一罐变质的肉消毒时发现了它的存在。它被吉尼斯世界纪录称为"世界上最耐受辐射的生命形式"，耐辐射水平比人类高上千倍。

你的微生物朋友

微生物中确实有一些"坏"家伙——病原体，能引起人类疾病。比如霍乱弧菌、鼠疫杆菌、埃博拉病毒、弓形虫等等，它们常常通过嘴巴、鼻子、伤口等多种途径入侵人体，引发流行病。

但这些作恶多端的病原体只是微生物的一小部分，还有许多微生物对人类是有益的，它们热衷于做你的"好朋友"。它们有的能用来制作食物：酵母菌能让面粉变成软软的面包，乳酸菌能帮助酸奶发酵。有的爱好改造人体：肠道细菌能帮助你消化，还能促进铁、镁、锌等人体必需的矿物质的吸收。有的能为其他生物提供营养物质：灵芝、虫草、茯苓等真菌家族的成员是出了名的药材。

别看微生物个头小，它们聚在一起甚至能改变地球：土壤细菌能让土壤更加肥沃，嗜油菌能分解泄漏的石油，腐生真菌能分解枯叶和一切腐败的东西，蓝藻能通过光合作用制造氧气，等等。

抗微生物兵团

你的身体总会遭遇一些"坏"微生物的威胁。

为了守护你的健康，生物学家"以毒攻毒"，采用微生物打击微生物的方法，研发出许多特效武器。

细菌来了有抗生素。很早以前，生物学家就发现一些微生物能杀死另一些微生物或阻止其生长，于是，他们从微生物中提取抗菌物质，制成抗生素。世界上第一种抗生素——青霉素是亚历山大·弗莱明利用青霉菌制造的。

对付病毒，疫苗来帮忙。当你的身体遭遇细菌、病毒攻击时，你的免疫系统会主动发起进攻，将杀死的病原体信息"记录"下来，一旦同样的敌人再次入侵时，免疫系统能快速调集防御部队。科学家正是根据此原理发明了疫苗。他们先减少或完全去掉病毒的毒性，然后将改造出来的"好"病毒注入人体，训练免疫系统记住这些"入侵者"，为对付真正的病毒做准备。

疫苗让天花成为历史，还帮助人们对付鼠疫、狂犬病等。

41

走进科学家的实验室：
巴斯德和啤酒的故事

从前有一位科学家，他制作了曲颈瓶，发明了狂犬病疫苗，还发明了低温灭菌法，他就是"微生物学之父"——伟大的路易·巴斯德。

1856年，一位酿酒厂厂主来求助当时已经是化学教授的巴斯德：一到夏天，啤酒常常会发酸变质，连啤酒桶也发臭。巴斯德前往现场提取样品，并在显微镜下仔细观察，发现酒中有许多细棍一样的小东西，正是它们在营养丰富的酒里生长繁殖，使啤酒变酸。于是，他把封闭的酒瓶放在水里加热，试图在不煮坏啤酒的情况下，杀死那些"恶棍"。经过反复试验，他找到了一种简便有效的方法：将酒放在50～60℃的环境中保持半小时，就能杀死酒中的细菌，这就是著名的"巴氏消毒法"。这个方法现在仍在使用，是牛奶灭菌的主要方法。

这个瓶颈又细又长，呈"S"形的烧瓶便是巴斯德使用的曲颈瓶。

第四章
植物家族的阳光餐厅

　　没有人离得开植物。不，这么说太对不起植物了，应该说地球上几乎所有生物都离不开植物！

　　植物辛辛苦苦利用太阳能，把二氧化碳和水变成营养，要不然动物和其他生物就没东西吃了。植物还释放生命必需的氧气，让我们能够畅快呼吸。

　　我们的植物朋友是怎么做到这一切的？一起去阳光餐厅看一看，就知道答案了！据说，植物朋友们在阳光餐厅就餐，一切都是自助的。

植物大家族

我们先认识一下植物大家族。

植物家族有"四美",分别是藻类、苔藓、蕨类和种子植物。

藻类是身体结构简单的"小美",没有根、茎、叶,主要生活在水中。有的藻类植物很小,你得用显微镜才能看清楚它们。若是你家里有鱼缸,一段时间忘记给鱼缸换水,鱼缸里长出来的绿的东西就是藻类。

苔藓有简单的茎和叶,却也非常娇小。若是你在潮湿的角落看到一些美丽的"绿地毯",别犹豫,那就是苔藓。

蕨类要高大一些,它们早在2亿年前便生活在地球上,见证过恐龙的兴衰,从那时"酷"到现在。

藻类、苔藓和蕨类都是无种子植物,生儿育女靠孢子。相比之下,种子植物的美似乎更优雅一些。它们中的一些不开花也不结果,种子是裸露着的;一些能开花也会结果,种子被果皮包裹着。无论哪种,种子植物都是画家写生最爱的模特儿。

太阳出来了,阳光餐厅已经开门!赶紧去看看吧!

阳光餐厅的食材

"本餐厅只服务于绿色植物。"阳光餐厅门外的告示牌上这样写着。

地球上的植物基本呈现绿色，因为植物细胞里的叶绿体富含叶绿素。这是基本常识，可是，阳光餐厅为什么要特别强调这一点呢？原来，地球上有一些植物没有叶绿素，它们中的一些和真菌友好合作，靠真菌提供的营养生存，水晶兰就是其中一种。水晶兰只在开花的时候露出地表，其他时候像白色幽灵一样躲在阴暗的树林深处。

不管那么多，赶紧进入阳光餐厅，看看菜单吧！

"今日食材：阳光、二氧化碳、水。"阳光餐厅的菜单上这样写着。

难怪阳光餐厅要在太阳出来以后才开门呢，原来阳光是这里的必备食材。绿色植物通过叶绿体，利用太阳能，将二氧化碳和水合成有机物，作为自己的大餐，同时释放氧气。这个过程便是光合作用啊！

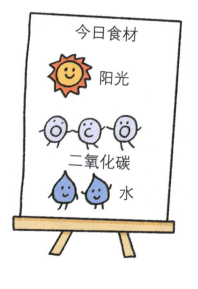

叶：自助大厨

自助餐开始啦！植物自带的大厨是它们的叶子。叶子能够利用阳光餐厅提供的食材，为植物制作营养大餐。

不管叶子是大还是小，是圆形、心形还是针形的，表面都藏着一些小孔，可以让二氧化碳从这些小孔进入。叶子内部还有许多"管道"，水分被源源不断地通过"管道"送进来。叶子中的叶绿体熟练地用叶绿素吸收太阳光的能量，再配上二氧化碳和水，便做成植物的营养大餐啦！

在"做饭"的过程中会产生"废气"——氧气，植物便将氧气从叶子表面的小孔中排放出去。

怎么样？叶大厨的厨艺高超吧？

夏季气温较高时，植物会将水分从叶子表面排出，用来降温，防止晒伤；冬季气温较低时，一部分植物的叶子会枯黄飘落，这也是一种自我保护，以减少水分消耗，防止冻伤。

工作时间

☀ 日出而作

🌙 日落而息

生命不息 工作不止

茎：自助传输管道

你能在一株植物身上找到树干、树枝或藤蔓吗？它们都是植物的茎。

植物的茎大多细细长长的，像桥梁一样连接起叶、花、果实和根。茎的内部隐藏着导管和筛管两种重要的"运输管道"，在自助餐厅，植物就是靠导管将水和矿物质送到叶大厨那里，再用筛管将制作好的大餐送到根和其他地方。

可是，植物的身体里又没有水泵，是什么能量将水从茎部输送到高处的叶？答案很好理解，你还记得叶子表面的小孔吗？那里不停地向外排出水分，就像用吸管吸水一样，将水吸上来了！

茎不光承担运输任务，还有许多"兼职"，其中最重要的就是支撑植物的生长，托举大量的叶子，让它们能够安心地晒太阳。

也有少部分茎变身为植物的"营养仓库"，比如土豆、洋葱和大蒜。为了储存足够多的营养物质，它们努力把自己"吃"成胖胖的模样

根：植物"脚"上的吸管

"咕噜、咕噜……"

是谁在吸水？哎哟，是黑麦的根。是哪一根？哎哟，黑麦有上百亿条像胡须一样细的根，全都深深地藏在土壤里，我可没有耐心将它们全部挖出来问一遍。

不止黑麦，许多植物的根都尽可能深地藏在土里，它们这样做真是用心良苦，因为水是植物非常重要的食材，根钻得越深，能吸收到的土壤中的水分便越多，顺便还能吸收点儿矿物质，然后再通过茎输送到植物的各个部分。它们干这些又苦又累的工作只有一个目的：让地面上的部分好好生长。

了解完这些，你是不是该考虑对根好一点儿呢？别忘了定期给你家的植物们浇水哟！

为了适应复杂的环境，有些植物还演化出拥有特殊技能的根，比如萝卜的根用来储藏营养，爬山虎的攀缘根能"飞檐走壁"，菟丝子的寄生根能抓住其他植物……

阳光餐厅的开花植物

阳光餐厅迎来了一批美丽的顾客——开花植物。

还记得吗？不是所有的植物都会开花，只有被子植物能开花。植物开花是为了完成一项重要的任务——延续生命，孕育下一代。美丽的开花植物很可能在阳光餐厅顺道完成繁衍大事呢！

植物的花既能当"爸"又能当"妈"。花瓣簇拥着的那些细丝是一朵花最重要的部分，摸一摸它，会掉落粉末的是雄蕊，那些粉末就是花粉；而另一种没有粉末、与雄蕊长得不一样的就是雌蕊。当花粉落到雌蕊的柱头上时，花的任务就完成了，它会逐渐枯萎并结出果实。

要怎么才能使花粉落下呢？秘密就藏在花朵里。这些花朵争奇斗艳，就像是一个个"广告牌"，吸引路过阳光餐厅的蜜蜂、蝴蝶、蜂鸟等动物来歇歇脚，顺便带着花粉去下一朵花那里。当然，风婆婆也能帮忙植物传送花粉。

 →  →  →

阳光餐厅的怪客人

又有新的客人进来了，它是一身红叶的枫树。

"对不起，本餐厅只服务于绿色植物。"

别着急把枫树挡在门外呀！枫树的叶子里有叶绿素，只是，它的叶子里还有大量红色的花青素。这棵枫树刚从秋天走来，叶子因为内部的叶绿素变少，花青素和类胡萝卜素的颜色显现出来，才呈现出红色。

叮咚——又有新客人进来了，这次是猪笼草。猪笼草一进来就嚷嚷着要吃肉。它来自潮湿的沼泽，土壤中的氮、磷含量低，动物可以为它补充这两样生存必需品。猪笼草习惯了用自带盖子的笼子诱捕昆虫，然后将其分解、消化、吸收。猪笼草来到阳光餐厅，看了菜单之后，知道这家餐厅满足不了它，只好悻悻而去。

走进科学家的实验室：太空里的植物园

植物也能上天啦！

航天员承担起园丁和植物学家的工作，在空间站内种生菜、小番茄、拟南芥、水稻等植物。他们耐心细致地照顾它们，帮助科学家研究植物在太空中生长的情况。太空种植不容易，没有阳光，需要用灯光模拟阳光，微重力环境使水分不容易深入根系里。不过，让人感到意外的是，植物的根并没有因为失重而失去方向，依然会向富含水分的土壤生长。

太空里的植物园不仅可以为航天员提供新鲜蔬菜、水果，还可以净化空气，调节航天员的心理压力。由于宇宙射线的作用，植物在太空中的基因变异比在地球上快，因此让植物上天转转，还可以选育出更多的优良品种。

未来，人类要把植物种到月球上去。也许有一天，你还可以到火星上挖土豆呢！

第五章
奇妙的动物身体

　　说起动物，你一定再熟悉不过了。天上飞的鸟、水里游的鱼、草原上奔跑的狮子、花丛中飞舞的蝴蝶……它们都是动物。全世界已知动物大约有 150 万种，加上那些已经灭绝的、还没被发现的，就更多了。

　　按照目前科学家对动物的定义来看，所有动物都是多细胞生物，它们通过吃东西来获取营养，具有感觉器官，还能运动。不过，我想带你从另一个角度看待动物——为了适应各种各样的环境，动物的身体不断演化，奇妙得像一部部性能优良的生存机器，帮助它们妥帖地生活在世界各地。

无脊椎动物大集合

动物世界中，97% 以上是无脊椎动物，剩下的不到 3% 大多是脊椎动物。脊椎就像一根由骨头组成的"柱子"，从内部支撑着动物的身体。你吃鱼的时候，一定注意过那根两边排着鱼刺的长骨头吧？那便是鱼的脊椎。

判断动物是不是无脊椎动物的方法很简单：看它有没有脊椎。水母、海星、章鱼、蜘蛛、蟑螂……小到海洋里的浮游生物，大到陆地上的巨型蜈蚣，都是无脊椎动物，因为它们都没有脊椎。

别以为无脊椎动物没有脊椎，就个个软趴趴、好欺负，它们中也有不少"硬汉"！无脊椎动物中的有些节肢动物便是不好惹的"硬汉"。它们身体外面长着坚硬的骨头，能轻而易举打败许多脊椎动物。有一种名叫铁锭甲虫的节肢动物，能承受超过它体重 3 万倍的力，即使被汽车从身上压过，也安然无恙。

接下来几页，你将看到几种无脊椎动物中的明星动物。

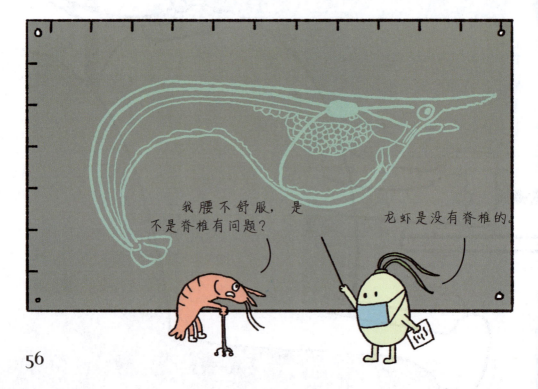

谁的身体没有肛门？

　　水螅、水母、珊瑚虫都属于无脊椎动物中的腔肠动物，它们没有肛门，吃喝拉撒都靠口，无论是食物还是排泄物，全从同一个地方进进出出。哎，这一段读起来是不是别有一番滋味？

　　除了腔肠动物，扁形动物也没有肛门。生活在小溪中的涡虫便是扁形动物，它们用长得像吸管的咽捕食水中的小动物。如果把它们的身体切成几段，切下来的每一段可以分别长成新的涡虫。不过，不是所有扁形动物都像涡虫这么幸运，能够自己捕食，事实上，大多数扁形动物寄生在其他动物的身体内，靠吸取其他动物身体内的营养物质生活，有啥吃啥。

　　如果你吃了有寄生虫的肉，肉中的寄生虫就会进入你的身体。等到你拉便便的时候把它们的卵排出来，那些卵会再次进入大自然，并找机会进入新的动物体内。

水母是个"水货"，身体里大约98%都是水。

57

谁的身体超柔软？

你观察过蜗牛吗？当蜗牛从外壳里伸出身体，做出许多匪夷所思的伸展动作时，它看起来像超级柔软的瑜伽大师。蜗牛便是生活在陆地上的软体动物。那些生活在水里的螺也是软体动物，它们跟蜗牛是亲戚。

软体动物的身体之所以柔软，是因为它们没有骨骼。为了保护自己柔软的身体，很多软体动物都有壳。它们的壳由身体表面的外套膜分泌的物质形成，会随着身体的成长逐渐变大。

也许你见过乌贼和章鱼，它们是高智商的软体动物。乌贼遇到危险时会喷出墨汁，掩护自己逃走；章鱼则会变换身体的颜色来迷惑敌人。对了，章鱼、乌贼和鱿鱼还被称为头足动物。如果你问我头足动物是不是脚长在头上的动物，我会回答你："自信点儿，把'不是'去掉。"

你知道世界上最致命的软体动物是谁吗？它可能是蓝环章鱼，一种剧毒生物！

有些软体动物的牙齿长在舌头上，这种器官叫齿舌。蜗牛是世界上牙齿最多的动物，齿舌上有数万颗用电子显微镜才看得清的牙齿。

棘皮动物很对称

　　棘皮动物之所以叫棘皮动物，是因为身体上有棘刺或者看着疙疙瘩瘩的突瘤。它们的身体扁平，嘴巴通常位于身体底部。

　　说了这么多，如果你还是难以想象棘皮动物长什么样，我来举几个例子吧：海星、海胆、海参、沙钱都是棘皮动物。棘皮动物还有一个特点，那就是它们的身体有一种奇妙的对称结构，大都能分为5个相等的部分。

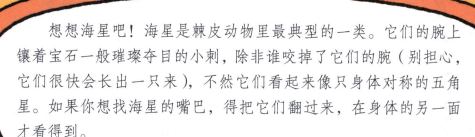

　　想想海星吧！海星是棘皮动物里最典型的一类。它们的腕上镶着宝石一般璀璨夺目的小刺，除非谁咬掉了它们的腕（别担心，它们很快会长出一只来），不然它们看起来像只身体对称的五角星。如果你想找海星的嘴巴，得把它们翻过来，在身体的另一面才看得到。

　　棘皮动物是怎么运动的呢？它们靠身体里的水管系统喷射水流，从而推动身体前进。

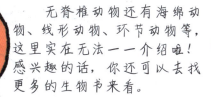

　　无脊椎动物还有海绵动物、线形动物、环节动物等，这里实在无法一一介绍啦！感兴趣的话，你还可以去找更多的生物书来看。

59

节肢动物穿盔甲

当当当当——欢迎进入节肢动物的世界！节肢动物是个大家族，它们的数量比其他所有动物加起来的总和还要多！并且，至今仍有许多未知的节肢动物等待着人们去发现。

那么，什么动物是节肢动物？顾名思义，节肢动物的肢体，也就是它们的腿和躯干是一节一节的。节肢动物是动物世界的大家族，种数有120万种以上，占所有已知动物种数的五分之四以上。昆虫、蜘蛛、蝎子以及数量庞大的甲壳动物都是节肢动物。

节肢动物全身上下都被一层外骨骼包裹，像是穿着一身盔甲。外骨骼由节肢动物的表皮细胞分泌的物质形成，不能长大，所以一些节肢动物在长大的过程中需要蜕皮。

在节肢动物的大家族里，种类最多的是昆虫。它们通常有一对触角、六条"腿"，大多数还长着翅膀。

送你两条热知识：

1. 千足虫的腿一般没有1000条，但有好几百条。如果你给千足虫送礼物，我建议你不要考虑送袜子！

2. 蜘蛛是不是昆虫？当然不是，蜘蛛有8条腿，而昆虫只有6条腿呀！

脊椎动物大集合

就像名字所提示的那样，脊椎动物的身体里长有脊椎。

和无脊椎动物比起来，脊椎动物的身体更复杂，在生命历史中的地位也更高，因为脊椎动物是由无脊椎动物演化而来的。它们的身体一般分为头、躯干、尾三个部分，有完善的感觉器官、运动器官，还有复杂的神经系统。鱼类、两栖动物、爬行动物、鸟类和哺乳动物都是脊椎动物。

脊椎动物有裸露在外的皮肤。它们的皮肤可能会被毛发或鳞片覆盖，但还是很容易识别。大多数鱼类、爬行动物的皮肤被鳞片覆盖着，鸟的皮肤则被羽毛覆盖着，哺乳动物的皮肤被毛发或软毛覆盖着。有了这一招，在你的"火眼金睛"下，大多数无脊椎动物再怎么伪装，也扮不了脊椎动物。

当然啦，最可靠的识别方法是看动物的骨骼。脊椎动物的骨骼藏在身体内部，居中有一条柱子一样的骨头，也就是脊椎，用来支撑头骨，连接其他骨骼。

预告一下，接下来几篇的内容更容易理解一些！

鱼儿离不开水

大约5亿年前，地球上第一条真正的鱼震撼登场。从那时起，鱼儿一直在水中战斗。从江河湖海到洞穴，有水的地方大多都能找到鱼的身影。

鱼儿之所以离不开水，是因为它们靠鳃呼吸。鱼鳃上面有许多的鳃丝，鳃丝布满了细小的血管。当水从鱼嘴中流经鱼鳃，鱼会获得氧气并排出二氧化碳，这就是鱼的呼吸方式。一旦离开水，鳃丝就像离开水的海藻，黏成一团，不能工作。

大部分鱼的骨骼是硬的，有的特别尖细，一不小心就会卡在吃鱼的动物的嗓子眼里。还有一些鱼的骨头很软，这种鱼的代表是鲨鱼。

鱼的身体里大多有鱼鳔，能使它们浮在水里。鱼想上浮时，就给鱼鳔充气，使水的浮力大于自己的重力；想下潜时，就减少鱼鳔中的气体，让浮力小于重力。

原来我不是马？！

两栖动物的呼吸大法

有些动物幼年时期生活在水中，成年之后却能在陆地上生活，它们是两栖动物。青蛙、蟾蜍、蝾螈都是两栖动物家族的成员。

大约 4 亿年前，两栖动物从鱼演化而来，成为在陆地上生活的第一批脊椎动物。证据之一是两栖动物的卵，它们的卵常常出现在水里或者靠近水的地方，上面裹着一层果冻似的东西；证据之二，刚孵化出的蝌蚪和鱼类很像，不仅有尾巴，还有能在水中呼吸的鳃。

两栖动物的宝宝从卵中孵化出来之后，用鳃呼吸，一旦长出肺就可以上岸，用肺呼吸啦！

不过，即使上了岸，两栖动物也还是喜欢待在潮湿的地方，因为它们还用皮肤辅助呼吸，需要保持湿润。这样的皮肤很敏感，有些还有毒，箭毒蛙就是知名的有毒两栖动物。

说到箭毒蛙的皮肤有毒，这个秘密很早就被人类发现了。一些生活在亚马孙雨林里的原住民，便是用箭毒蛙的毒来制作毒箭。

两栖动物的眼睛大多是鼓出来的。下次再看到青蛙或蟾蜍的话，注意看看它们的眼睛吧！

爬行动物爬天下

在水边还能经常见到另一种动物——爬行动物。有的爬行动物身上有鳞片，比如蛇；有的爬行动物身上长着坚硬的甲壳，比如乌龟。无论是谁，都用身体贴着地面爬行，这便是它们被叫作爬行动物的原因。

地球上大约有8000种爬行动物，包括蜥蜴、乌龟、海龟、鳄鱼、蛇等。别看蛇浑身上下光溜溜的，走路的时候腹部贴着地面滑行，实际上蛇的远古祖先也有四条腿，只不过它们太喜欢用肚皮走路了，时间久了，帮不上忙的腿便消失了。

爬行动物在陆地上产卵，繁殖后代。它们都是变温动物，体温会随着环境的变化而变化。有人说，爬行动物是冷血动物，这可不怎么准确，只要环境合适，它们也可以热热的！早上起来，蜥蜴或蛇喜欢在太阳底下懒洋洋地躺着，这便是为了通过晒太阳让自己热起来，然后行动自如地去捕猎。

爬行动物的祖先曾经统治过地球，它们是——这肯定难不倒你——恐龙。

我是一只小壁虎。

鸟儿天上飞

　　如果把全世界的鸟儿聚集在一起，你会发现，眼前是一支超级庞大的队伍。全世界共有1万多种不同的鸟，它们身披羽毛，长有翅膀，会产蛋，大部分还会飞翔。它们不像爬行动物那样体温由外界温度决定，它们能够自己调节体温，并总是保持恒定的温度。

　　科学家已经确定，鸟儿从恐龙演化而来。从不会飞到会飞，再到主宰天空，鸟儿的身体发生了什么改变？

　　它们的身体长出了翅膀，嘴里没了牙齿，骨头变成空心的，它们还去掉了储存尿液、粪便的器官，一边飞行一边排泄，这样也能随时减轻体重。

　　因为不能咀嚼，鸟儿得靠别的东西来磨碎食物，所以你会看到它们到处啄沙子，甚至小石头，因为这些东西进入砂囊以后，能帮助鸟儿把食物磨碎。

　　如果你问我世界上有没有不会飞的鸟，我会告诉你："去动物园看看鸵鸟、鸸鹋、企鹅吧，它们都是不会飞的鸟。"

　　一个冷知识：鸟儿的排泄口只有一个，所以它们的大小便是混在一起的，它们只能拉出稀便便。

吃奶的哺乳动物

蝙蝠也会飞，但它不是鸟，而是哺乳动物。因为小蝙蝠是在妈妈的肚子里发育的，出生以后，蝙蝠妈妈还会用乳汁哺育它们。

几乎所有哺乳动物都是从妈妈的肚子里生出来的，除了针鼹和鸭嘴兽，它们是哺乳动物中的另类，是从妈妈产下的蛋中孵化出来的。但无论是针鼹还是鸭嘴兽，都和其他哺乳动物一样，靠吃妈妈的乳汁长大。

除了冰雪覆盖的荒芜南极和最深的海底，哺乳动物不管在哪儿都可以生存。一些哺乳动物生活在水中，看起来像鱼，比如鲸和海豚。它们和所有哺乳动物一样用肺呼吸，无论在水下待多久，都得回到水面上换气。

哺乳动物的血液总是恒温的，它们身体的外部有一层皮毛或脂肪御寒。恒温可不是指血液总是处于热血沸腾的状态，那是当一个人发脾气或者发高烧的时候才会出现的。

哺乳动物大多比前面提到的动物聪明，因为它们有更发达的神经系统。

奇妙的对称

大部分动物的身体拥有对称美。

你生活中所见的大部分动物，包括你自己，身体都呈左右对称。你想想看，蚯蚓、西瓜虫、蝴蝶、鲨鱼、水牛、老虎、大熊猫、金丝猴以及你和你认识的任何一个人，是不是都是这样？如果有一条假想的线沿身体中间从头到尾画下去，可以将动物分成左右相等的两部分。这条线是唯一的，画在其他任何位置都不能再使其对称了。左右相称的动物，头部总是位于身体的最前端。

有些动物的身体呈辐射对称，比如海葵，它们的身体围绕着中心点，排列得像自行车的轮子，可以像切蛋糕一样，通过中心点平分成完全相等的两部分。

只有小部分动物的身体是不对称的，比如海绵。因为不对称，不好保持平衡，海绵虽然是动物，却无法移动。

科学家发现，动物身体的演化是从不对称到辐射对称，再到左右对称。这是为什么呢？也许等你长大了，你能找出原因。

比目鱼的身体很奇特，它刚孵化出来时，身体呈左右对称，但很快会发生戏剧性的变化——左眼移动到右眼旁边，双眼同在身体一侧。

神奇的变态发育

动物孵化或出生后，都要经历长大、成年及繁育下一代的过程。

一些动物的形态和父母很像，长大就是从幼体长为成体，另一些动物却要经历变态的发育过程才能长成成体。这里的变态可不是你以为的那个变态，而是指变形。

大多数昆虫的发育过程要经过完全变态，经历4个不同的生命阶段，比如蝴蝶：妈妈产下卵；卵孵化出幼虫（毛虫）；毛虫长大后体外形成一个坚硬的外壳，变成蛹；在蛹的内部，身体组织重新构造形成蝴蝶，最终破茧而出。蜻蜓的发育过程经历不完全变态，只包括3个阶段：卵、若虫和成虫。若虫像是没有翅膀的成虫，等到若虫蜕皮后，长翅的成虫才出现。

两栖动物，比如青蛙，要经历从蝌蚪到成体的变态发育过程。蝌蚪从卵中孵化出来之后不久，先长出后腿，再长出前腿。最后，尾巴消失，蛙便长成了。

走进科学家的实验室：如何整理动物？

大约在 300 年前，科学家们遇到一个棘手的难题：动物探险家不断地发现新的动物，但是研究者们怎么才能分清它们，并一一对它们进行深入的研究呢？这可真是个大麻烦。

那时，在欧洲，有一位名叫卡尔·林奈的科学家。他是一个不知疲倦的人，从不停止科学探索。他曾在北欧长途跋涉 7000 多千米，发现了 100 多种前所未知的植物。但他的目标远不止这些，他要将世界上的动物和植物按照某种逻辑顺序分类。

后来，他果然提出了一种新的分类方法。他按照生物的明显特征，对生物进行分类并命名。拿蟾蜍为例，按照林奈的分法，科学家应该称蟾蜍为两栖纲无尾目蟾蜍属蟾蜍种动物。到了蟾蜍种这一级，就不再进行分类，这就是物种。

林奈还为动植物设计了一种新的命名法——双名法，使它们拥有全球通用的拉丁文名字。

至今，科学家们仍在使用林奈创造的某些方法整理动物和植物，甚至微生物。

北极花 *Linnaea borealis*

北极花一定是林奈最喜欢的植物。不然，他为什么要用自己的姓氏 *Linnaeus* 来为它命名呢？

69

第六章
人体是个"大"城市

这一章，我们将进入人体内部，逛逛这座井然有序的"现代化大城市"。

人体城市里有巨大的建筑、四通八达的交通、优秀的地下排水系统、稳定的排风系统，还有美味的城市饭店……大脑指挥整座城市，心脏为城市提供动力，而细胞是城中最勤劳的居民。

话不多说，让我们一起探索这座生机勃勃的城市吧！

嗯？作者是不是逛上瘾了？逛完细胞内部、植物餐厅内部、动物世界内部，现在还要逛人体内部？好吧……我认可这种创作手法。希望你也喜欢。

皮肤会报警

人体城市之旅第一站：皮肤。

它是人体城市的外墙，也是人体面积最大的器官。皮肤分为三层：最外面的表皮像一面屏障，能防水抗菌、阻挡紫外线；中间的真皮使皮肤更有弹性、更抗压，城市的绿化植物——毛发在这里扎根；最内层的皮下组织能缓冲撞击，贮藏能量。

游览中请注意防滑，因为皮肤上有许多汗腺，汗腺会分泌汗液。汗液在蒸发时，会带走人体的一些热量，降低体温。这时，皮肤会把降温当作危险，第一时间拉响警报——收缩肌肉，使皮肤表面会出现"鸡皮疙瘩"。

为了滋润皮肤，锁住水分，皮肤上覆盖着一层滑溜溜的油脂。有些人会脱皮，可能是因为油脂分泌不足。当然，脱皮也可能是皮肤在自我更新。在皮肤最深层，新细胞不断产生，它们向外移动到表皮，老旧细胞便以皮屑的形式脱落。

啊，好滑！

喂，110吗？

骨骼：坚硬的城市框架

人体城市之旅第二站：骨骼。它是人体城市的建筑框架，成年人有206块骨头，其中超过一半的骨头都在手部、腕部和脚部。

骨骼支撑着人体，如果没有它，人体城市会塌成一摊肉泥。骨骼还保护着器官，并在肌肉的帮助下，使人能四处运动。运动常常被人们当成理所当然的事，事实上，每一个复杂的动作都要依赖身体的不同肌肉才能完成，而肌肉又依赖肌肉细胞的收缩和伸展。

你知道吗？相同重量下，人的骨头比钢筋坚固好几倍！骨头的主要成分是钙、水和蛋白质。为了促进骨骼发育，你可以多喝牛奶，因为牛奶富含蛋白质和钙。维生素D也能帮助人体吸收钙，而获得维生素D最简单的方法就是晒太阳。所以，你知道该怎么做才能变得结实了吧？

骨头虽然坚硬，但如果遭受强烈的撞击也会发生断裂。好消息是，骨头具有自我修复的能力，医生会用石膏固定损伤部位，帮助病人的骨头愈合。

脑：最高指挥部

作为人体城市的最高指挥部，脑中有一个巨大的网络，这个网络由数百亿个神经细胞组成。

人脑分为大脑、间脑、小脑和脑干四个区域，每个区域承担着不同的任务。

大脑是人脑最大的区域，分为左右两个半脑。左脑接收右侧身体的感觉信息，支配右手、右脚；右脑则接收左侧身体的感觉信息，支配左手、左脚。

间脑位于左右两个半脑之间，脑干的上方。

小脑位于大脑的后下方，能控制身体平衡，保证你走路不会摔倒。

脑干，也就是指挥部里的自动化工作室，控制着有些"乏味"但十分重要的工作，比如呼吸、心跳、消化等。

每一个脑神经细胞都和其他很多神经细胞相连，神经细胞之间也在不断产生新的联系。通过联系存储记忆，人们可以思考。不过，大脑实在太复杂，科学家至今没有完全搞清楚大脑到底是怎么工作的。

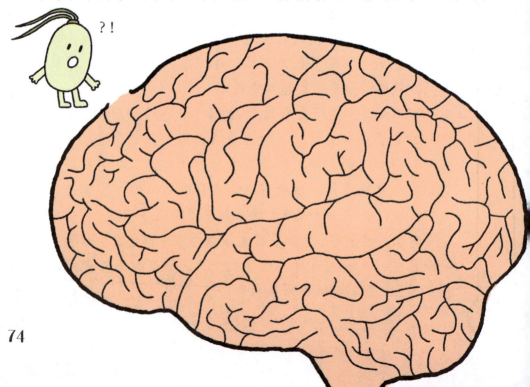

神经系统：忙碌的信息中心

本次旅行第四站：人体城市的信息中心——神经系统。

大脑会发出数不清的信息，这些信息由专门的通信员沿着专门的神经管道传递到人体各个角落。这个通信员叫神经元，也就是神经细胞。

为了有效处理数不清的信息，神经系统分化为两大部门：一个是中枢神经系统，一个是周围神经系统。其中，中枢神经系统由脑和脊髓坐镇，从中枢神经系统衍生出去的神经细胞组成了周围神经系统。在中枢神经系统的参与下，人体会在接受刺激后做出反应，这种反应就叫反射。比如，当你的膝盖被轻轻打了一下，膝盖的传入神经就会将信号传递给脊髓，脊髓又会通过传出神经传出"危险信号"到相应的肌肉，然后你的小腿就会突然抬起。

75

感官：感受世界的乐园

欢迎来到感官乐园！

感官是感受外界事物刺激的器官，包括眼睛、耳朵、鼻子、舌头、皮肤等。在大脑的领导下，各个感官团结协作，为人体城市提供一次次"惊喜"。

视觉是由眼睛完成的，它能帮你快速获取周围事物信息。人接收到的外界信息超过一半都经视觉获得。

听觉由耳朵完成，它能帮你获取声音并确定方向。90分贝以上的声音，大概就是电锯锯木头时发出的声音，就可以让人耳的听力受损。

味觉由舌头完成，它能帮你识别食物等不同物质。舌头表面约有1万个味蕾，它们能帮你体验酸、甜、苦、咸等。

嗅觉由鼻子完成，它能帮你识别空气中的气味。你的鼻子能识别出成千上万种气味。

触觉由皮肤完成，它能帮你感受压力、温度等。触觉最灵敏的部位有嘴唇、指尖等。

心脏：扑通扑通跳不停

心脏是人体城市的动力源，它是一个不知疲倦的肌肉泵，通过有节律地收缩、舒张，将血液运送到身体各处。即使切断它与所有神经的连接，它依然会跳动一段时间。

现在，我们来到人体城市的中轴线。心脏的主体部分坐落在中轴线左侧。在一些特殊情况下，心脏的主体部分会"搬"到中轴线的右侧，这种现象叫"右位心"。右位心并不影响人体的正常功能。

别看心脏小小的，它的内部有两层楼，共四间房，楼上楼下被一堵长长的内墙隔开，楼上是左心房、右心房；楼下是左心室、右心室。每间房都有一扇单向开合的门——瓣膜，防止血液倒流。

每个人的心脏大小都有差异。一般而言，体形大的人心脏稍微大一些；反之，心脏小一些。在不同情况下，人的心脏跳动次数也不相同，比如人在运动时，心跳次数会增多。如果一个人的心脏每分钟约跳 70 下，那么他的心脏一天总共跳动约 10 万次！

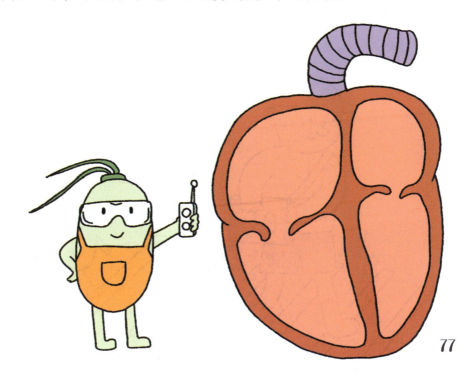

77

循环系统：时刻保持通畅

在人体城市中，循环系统是一张规模庞大的交通运输网。这张交通网的道路是血管，通行其间的是血液。

血液就像搬运工。养分和氧气溶解在血液里，血液由心脏泵出，在全身的血管中流动。一路上，血液流经各个器官，为那里的细胞输送养分、氧气和其他物质，血液还带走代谢废物，帮助人体散热。当人体需要对抗病菌，那些冲锋陷阵的细胞也由血液携带着送往各处。

作为血液的运输通道，血管几乎遍布人体城市的每个角落。想想看，如果某条通道堵住了……整个人体城市的交通可能都会受到影响。

血管按照功能不同，分为动脉、静脉和毛细血管。动脉将血液带离心脏，静脉则将血液带回心脏。一路上，血液流经人体器官，同时也就进入了毛细血管。

一条热知识：一滴血大约含有 2 亿个红细胞。红细胞中充满含铁的物质——血红蛋白，它在肺内摄取氧气，然后将其运输到身体各处释放。

78

呼吸系统：人体城市的排风扇

请佩戴好口罩，我们即将进入呼吸系统，它能完成人体城市与外界的气体交换。

呼吸系统一直在运行，但你常常会忘记自己在呼吸。若是关闭呼吸系统，人体城市会在短短几分钟内瘫痪。

首先，我们来到鼻腔附近，这是空气进入人体的第一道门。像吸尘器一样，鼻毛会阻拦尘埃、细菌等脏东西进入人体；空气将在鼻腔后部加热。当然，空气也可通过嘴巴进入人体。之后，空气将会进入咽和喉。在喉的上方，有一个叫"会厌"的"小盖子"。利用这个小盖子，人体就能把"吃"进去的空气和食物分开。当我们吃东西的时候，盖子会向下盖上，食物就会乖乖地滑进食管里；而当我们呼吸时，盖子就会打开，空气就能顺利地进入喉部，然后再向下进入气管、支气管。支气管内部有大量微小的"毛刷"，它们能将进入人体的尘埃、异物等清除，并保护呼吸道。最终，空气通过左、右支气管到达左肺、右肺。

作为最主要的呼吸器官，在横膈（肺下的一块肌肉）的帮助下，肺吸入氧气，排出二氧化碳，并最大程度地隔离、过滤有害物质。

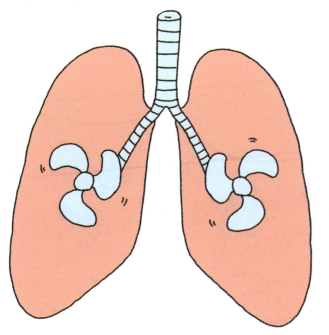

终于读完了！真不容易，人体城市总算完成了一次呼吸。

79

消化系统：
咕噜！咕噜！消化开始了

食物进入口腔了，消化系统开始工作！

作为专业的切割、研磨工具，牙齿全力切磨食物。唾液，也就是口水，会帮忙杀菌，并溶解一部分食物。在此过程中，发达的咀嚼肌能协助加速研磨食物。

之后，食物将通过咽部进入食管，食管的肌肉蠕动，约10秒后食物走完食管来到胃。

胃是一个有弹性的口袋，里面的液体能杀菌，助分解。咕噜噜，伴随着胃部肌肉的搅动，食物变成糊状。

几小时后，食物进入小肠，在这里，食物中的绝大部分营养被吸收，并输送到全身，只留下一些难以消化的残渣进入大肠。光滑的大肠仅吸收水等少量物质，剩余的食物残渣将在一段时间后被排到体外。

在消化过程中，肝脏也是大功臣。在食物进入消化系统后，肝脏会主动过滤被消化吸收的物质，处理并排出有毒物质。另外，它还能制造和分泌胆汁，帮助分解脂肪。

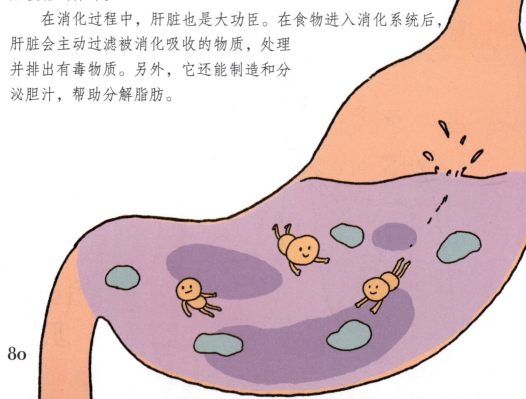

泌尿系统：憋不住了！

一座城市少不了排水系统。

人体城市的排水系统便是泌尿系统，它由肾、输尿管、膀胱及尿道组成，是人体排出代谢产物的重要途径。

看，这对器官长得多像蚕豆，它们就是肾。作为人体的过滤器，肾能自动清洁，将血液中多余的水和废物过滤出来，形成黄色的废水——尿液。尿液经过输尿管、膀胱，最后从尿道排到体外。对了，肾脏还能分泌多种对人体有重要作用的化学物质，用来维持人体多种平衡。

人体每天能排出约 1500 毫升的尿液。膀胱是临时储存尿液的水库。当膀胱尿液达到 150～250 毫升时，人就会开始有尿意；一旦储存的尿液超过 500 毫升，膀胱就会感到疼痛。那些多余的尿液会停留在膀胱中，尿液过度积攒时，甚至会回流进肾脏，损害肾脏。

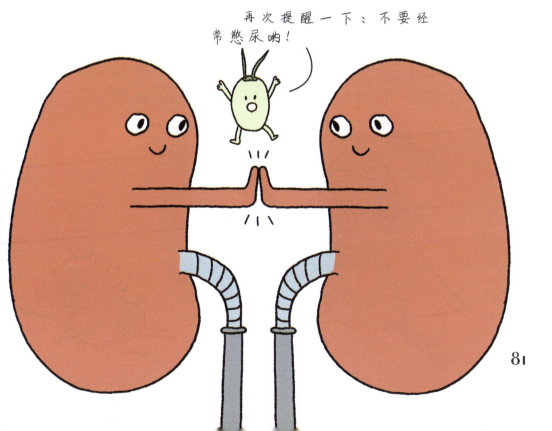

再次提醒一下：不要经常憋尿呦！

免疫系统：军团冲冲冲

敌人来了！攻击吧，免疫系统！

免疫系统是一支庞大复杂的军团，包括"哨兵组""情报队""警卫队"等。它们时刻监控着入侵人体城市的不速之客，在必要时主动迎战，保护人体城市免受侵害。

免疫系统共为人体城市筑起三道防线：

第一道防线是皮肤，它能将部分病毒、细菌等微生物有效地抵挡在外，只有当皮肤出现伤口时，这些微生物才有机会溜进血管内；

第二道防线是体液中的杀菌物质和吞噬细胞（一种白细胞），它们在人体内巡逻，清理细胞残余，侦测敌情；

第三道防线是由免疫器官和免疫细胞组成的。就拿淋巴细胞来说吧！它们是一群具备多种能力的白细胞。有的淋巴细胞能及时发现敌人并发出作战指令；有的淋巴细胞懂得研制精密的武器——抗体（一种特殊的蛋白质）；还有的淋巴细胞则主动迎战，利用武器精准打击敌人。

往哪里逃？吃俺一剑！

内分泌系统：培育激素当信使

　　人体城市中有一个培育信使的机构——内分泌系统。从这里毕业的信使携带着各种特殊的化学物质，穿梭于人体城市各处，刺激和调节各种各样的活动，以此来控制人体城市的节奏。这些信使便是激素。你可能听说过甲状腺素、肾上腺素、胰岛素等，它们都是激素。

　　有些激素比较"勤劳"，它们通过血管游走于全身，为许多不同的人体器官服务；还有些激素比较"专一"，只为特定的腺体服务，比如促甲状腺激素只作用于甲状腺。

　　当人感受到压力，当人需要更旺盛一些的精力，统统交给信使。信使知道如何解决压力问题，信使也知道从哪得到精力。培育信使的内分泌系统也有上级，即脑中的下丘脑和垂体。除了控制激素，下丘脑还调节人的情绪。

生殖系统：建设新城市

　　终于，我们来到了人体城市的建筑公司——生殖系统。新的人体城市将在这里诞生，它是由男性和女性共同创造的——当男性的精子和女性的卵子结合时，新的人体城市建设开始了。

　　男性和女性有着相似的大脑、相同数量的骨骼等，两者不同之处之一在于生殖器官。男性的精子制造机叫睾丸，女性的卵子制造机叫卵巢。在青春期（10～19岁）到来时，由于激素的影响，人体会发生变化，有人会突然长高、脸上长痘等。这时，男孩和女孩有很多不同的变化，比如有些男孩喉结变得明显，有些女孩的乳房开始隆起……这些都是很正常的现象。也是从这时起，男性能制造成熟的精子，女性能产生成熟的卵子。

　　由于生殖器官的结构不同，男孩与女孩上厕所的方式也不同。记得保持卫生哟！

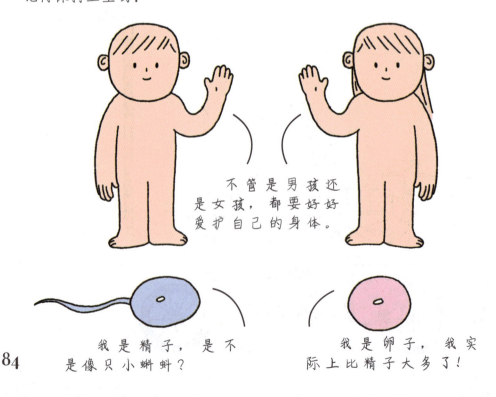

不管是男孩还是女孩，都要好好爱护自己的身体。

我是精子，是不是像只小蝌蚪？

我是卵子，我实际上比精子大多了！

走进科学家的实验室：
哈维和血液循环理论

　　我们的体内有各种各样的脏器和组织，它们昼夜不停地工作，通过血液将能量和营养送到身体的每个角落。

　　对现在的人们而言，血液循环理论属于常识，而在几千年前，人们对血液与心脏的理解，还一直处于蒙昧状态，直到16世纪才渐渐有了比较清晰的认识，而英国医生哈维正是这个过程中最重要的医学人物。

　　那时，人们认为血液是营养成分，通过被人体吸收而发挥作用。但哈维通过解剖各种动物并观察它们的心脏发现，心脏其实像水泵一样会压出血液。哈维还将人的手臂扎紧，在血管凸起后，四处按压血管。他通过观察手臂血管的膨胀情况，发现血液由心脏流出后，又会回流到心脏。

　　最终，经过反复的实验，哈维确定，血液在人体内是循环的，心脏是血液循环的原动力。时至今日，这项理论已经成为医学的基本观念。

第七章
地球有个生物圈

设想一下：如果地球上所有的生物都住在同一个地方，那会怎么样？

天哪，那一定非常非常拥挤。

好在，无论动物、植物还是微生物，各自都有安家和生活的地方。这样的地方可以很大，也可以很小。它可以是一片草原、一片森林、一片沙漠，也可以是一个山头、一个湖泊、一个池塘，甚至是一块腐烂的木头！生物们高度适应着各自的家园，如果让它们搬到别人家，它们可能连一天也待不下去。

家园，多么亲切的词！对于我来说，生物体就是我的家园。

生物圈：超级拼图

在我们的星球上，从北极到南极，从高山之巅到深深的海底，几乎任何地方都有生物存在。生物和它们所处环境的总和，被科学家统称为生物圈。这是一个非常重要的概念，既然你已经耐心地读到了这一页，不妨继续深入了解一下。

严格来说，生物圈只是地球表面的一薄层。如果把地球比作一个足球，那么生物圈比一张纸还要薄。它包括大气圈的下层、岩石圈的上层、整个水圈和生物。圈和圈不是孤立的，它们相互影响、相互作用，最终形成了美丽的生物圈。

从高空俯瞰地球，你会发现，生物圈就像一个超级拼图，由无数个碎片拼接而成。碎片各种各样，每一个都是一片栖息地。栖息地正是生物安家和生活的地方，即它们的家园。

在一个栖息地，比如一片森林中，动物、植物和微生物共同生存，它们中的一些是另一些的食物，这些微妙的关系一起创造了森林的勃勃生机。

生态位：占个位置

　　每一块栖息地的资源都是有限的，比如食物、水、空气以及住所。一个物种利用这些资源的方式就是这个物种的生态位。生态位包括物种的生存地、食物以及一天中出没的时间。

　　也许你觉得生态位跟你的关系不大，不需要理解它。但事实上，无论是谁，只要生活在地球上，便会受到生态位的影响。

　　一般来说，没有哪两个物种可以共占一个生态位。举例来说，老虎生活在森林中，以森林中的其他小型动物为食；同样地，在开阔的草原上，老虎和狮子占据着相似的生态位。但是，老虎和狮子不大可能生活在同一片栖息地，因为没有足够的资源同时供给两个生态位一样的物种。这样的例子比比皆是，即使是你身边的一片草地、一个池塘，同一个生态位上也不大可能存在两个物种。

　　你可能会问：我们人类不就常常聚集在一片栖息地上吗？人和人之间，并没有什么你有我无的矛盾啊？

　　咳，你一定不知道，全世界所有的人类都属于同一个物种——智人。

　　无论黑人、白人还是黄种人，只要是人，在分类学上都属于动物界脊索动物门哺乳纲灵长目人科人属智人种。

畅游地球生态系统

现在终于可以跟你聊聊"生态系统"了。

生物圈是地球上最大的生态系统，也是所有地球生物共同的家园。在这个超大的生态系统里，又有许多小的生态系统。一片森林、一片草原、一块农田、一个湖泊、一条河流，甚至一块岩石中的裂缝，等等，都可以看作一个个生态系统。接下来，让我们一起畅游地球上的生态系统吧！

寒带森林

这里的树木都有针状的叶子，坚硬、耐风，还能让雪从叶间掉落，防止被积雪压垮。生活在这里的高等动物主要是肉食性哺乳动物，比如狼、狐狸、棕熊等。

温带森林

这里四季分明，树木大多是落叶树，叶子在秋冬脱落，春天再长出来。在这里居住的动物主要吃种子、坚果、树叶、浆果，也有的既吃植物也吃动物。

热带雨林

这里全年炎热，几乎每天都下雨！

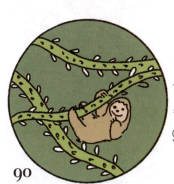

热带雨林都分布在地球的"腰部"，最具代表性的是南美洲的亚马孙雨林。这里的动植物种类非常多，比如，除了人类以外，地球上90%的灵长类动物都生活在热带雨林中。

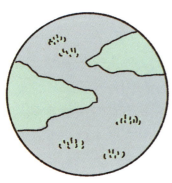

苔原

苔原主要位于北极圈附近，一年中大部分时间都覆盖着厚厚的冰雪。这里实在太冷啦，树木无法生长，只有那些能忍受强风、冰冻的植物才能生存下来，它们通常都很矮小。居住在这里的动物也都有着厚厚的毛皮或羽毛，以及用来储存能量、应付寒冬的脂肪。

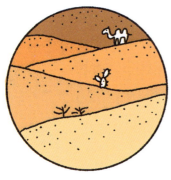

荒漠

荒漠大多十分干旱，包括沙漠、砾漠、岩漠等。有的荒漠只有少数耐干旱的植物和动物，比如非洲的撒哈拉大沙漠；有的荒漠生活着数百上千种动植物，比如美洲的索诺拉沙漠；还有的荒漠不仅很干旱，而且十分寒冷，比如南极荒漠。

草原

草原有明显的干、湿季，树木稀少，取而代之的是茂密的草。地球上很多大型食草动物都生活在这里。有时，它们为了在干旱的季节找到水源和食物，要奔波很远。

除了以上这些生态系统，生物圈还有海洋、高山、湿地、农田、城市等生态系统。总而言之，生态系统是由生物和非生物共同组成的。

食物链：谁吃谁？

花开了，吸引来蜜蜂。蜜蜂吸食花蜜。接着，鸟儿吃了蜜蜂，野猫吃了鸟儿，狼又吃了野猫。后来，狼死了，因为它太老了。

等等，故事还没结束。狼的尸体上爬满了苍蝇，它们吃掉腐烂的尸体，并在上面产卵。接着，青蛙捕食苍蝇，并产下很多卵，有的卵孵化成了蝌蚪，有的卵被鱼吃掉。然后，水鸟吃了鱼，产下鸟蛋，老鼠吃了鸟蛋，猫头鹰又吃了老鼠。再后来，猫头鹰死了，因为它太老了。

现在，你已经学会耐心等待了吧？没错，故事还在继续。甲虫吃了猫头鹰的尸体，蜥蜴吃掉甲虫，狐狸吃了蜥蜴。后来，狐狸也死了，因为它也太老了。狐狸的尸体被各种细菌、真菌分解，肥沃了土壤，新的植物长出来了。再后来，又有食草动物吃掉植物，食肉动物吃掉食草动物……

这就是食物链。

大多数动物同时位于几个食物链之中，多个食物链交叉，便形成了食物网。

大自然的清洁工

每一天都有很多动物和植物死去。想象一下：从地球上出现第一个生物以来，数十亿年来，死亡过的生物有多少？

不计其数！可是，为什么我们没有站在厚厚的尸体堆上？答案是，有一类生物专门以生物的尸体为食，它们便是大自然的清洁工——食物链中的分解者。

上一篇故事里的苍蝇、甲虫、细菌和真菌都是大自然的清洁工。它们是食物链中重要的一环，能把死去的生物转化成简单的化学成分，使它们最终回到空气、土壤和水中。大自然用自己的方法告诉它们什么时候应该开始工作，使它们对腐烂的植物或动物、粪便的气味迅速做出反应。

除了故事里提到的这些，秃鹫、蚯蚓、屎壳郎等也是大自然的清洁工。对屎壳郎来说，便便可不是什么恶心的东西，而是一顿美餐。

人类叫我屎壳郎，我的美味佳肴是……

不可思议的跨物种朋友

生物和生物之间不止有"吃和被吃"这一种关系。下面这些跨物种之间的关系一定超出你的想象。

犀牛和牛椋鸟

犀牛虽然看着很强壮，却害怕虱子，毕竟，虱子甩也甩不掉。幸亏它的好朋友牛椋鸟可以帮它吃掉这些可恶的寄生虫。对于牛椋鸟来说，虱子便是犀牛送给它的美味礼物。

响蜜䴕（liè）和蜜獾

传说，响蜜䴕发现蜂巢后，会发出"咔嗒咔嗒"的叫声，以通知蜜獾。等到蜜獾捣毁蜂巢以后，响蜜䴕就能吃上蜜獾剩下的蜂蜜和蜂蜡了。

小丑鱼和海葵

海葵为小丑鱼提供住所，保护它不被天敌吃掉；小丑鱼则为海葵引来食物，还帮海葵清理寄生虫。

珊瑚和藻类

珊瑚是虫黄藻的家，作为回报，虫黄藻把通过光合作用合成的营养物质分一部分给珊瑚。

大豆和根瘤菌

大豆为根瘤菌提供家和食物，根瘤菌为大豆提供氮元素作为营养，使大豆更好地生长。

谁在占便宜？

有些生物也和其他生物关系亲密，但是，只有其中一方能够获利。有时，一方甚至还会伤害另一方。

兰花压树枝

在热带雨林中，为了争夺阳光，有些兰花附生在大树的树干高处。大树从兰花那儿得不到什么好处，相反，兰花有时会因为长得太重而压断树枝。

鲫鱼搭便车

鲫鱼为了获得更多更好的食物，会利用头上的"吸盘"紧紧地贴在鲨鱼身上，像搭便车一样跟着鲨鱼四处游荡，趁着鲨鱼觅食的时候捡漏。

僵尸蚂蚁

当真菌入侵蚂蚁，影响蚂蚁的神经系统后，蚂蚁就成了"僵尸蚂蚁"，任由真菌摆布，在真菌的指挥下行动。在这个过程中，蚂蚁可是一点儿好处也没有，还白白付出生命。

寄生和附生的例子实在太多了，冬虫夏草、蓄奴蚁、缩头鱼虱……对了，如果你身体里有讨厌的寄生虫，哎呀，你就是被占便宜的那一方。

有的寄生关系简直有些可怕！没办法，真实的生物世界什么都可能发生。

只有一个地球

　　和其他所有动物一样，人类也要和其他物种竞争。不过，这可不是一场公平竞争。看看这些生物的遭遇吧：

　　北极熊　因为人类大量使用化石燃料，产生的二氧化碳超出地球负荷，这会导致气候变暖，海冰融化，北极熊没有浮冰依托捕猎海豹。于是，北极熊只好饿肚子。

　　海龟　人类乱扔塑料袋，最终，塑料袋顺着河流来到大海，被海龟当作水母吃下去，结果海龟生病死亡。

　　林中生物　人类为了开辟更多的种植园或牧场，毁掉大片森林。许多生物失去家园和食物来源，走向灭绝。

　　…………

　　目前，整个宇宙只有地球上发现了生命。然而，因为人类的种种行为，物种正在以惊人的速度消失。好在许多国家已经开始行动，以保护我们赖以生存的地球生物圈。比如，中国正在陆续建立越来越多的自然保护区和国家公园。

走进科学家的实验室：生物圈Ⅱ号

　　人类能够模拟一个与地球生物圈类似的生态环境吗？这个问题"脑洞"很大，却早在20世纪80年代便已经进入实验阶段了。当时，科学家在沙漠上建造了一个实验基地。为了与地球生物圈，也就是科学家口中的"生物圈Ⅰ号"相区别，人们将实验基地称为"生物圈Ⅱ号"。

　　"生物圈Ⅱ号"几乎是完全密封的，里面有微型的森林、沙漠、农田、海洋和溪流，还有各种家禽家畜以及供人居住的房子。科学家利用计算机控制射入的阳光，调节温度。1991年9月，8名科学家进入"生物圈Ⅱ号"，计划在里面自给自足，居住两年。遗憾的是，仅仅一年多以后，"生物圈Ⅱ号"中的氧气含量便大幅下降，无法维持科学家的生存。

感觉有些呼吸困难！

　　这个实验虽然失败了，但它用事实告诉人们：地球是人类和其他生物的唯一家园，我们必须倍加珍稀和爱护它。

第八章
一切为了生存

生物可不都像你一样，有家人照顾，有老师教导，还有同学、朋友互相帮助。对于大多数生物来说，生活一点儿也不轻松！它们得十分努力地寻找食物，建造巢穴，保卫领地……一切都是为了让生存的机会更大一些。

这一章，我们就来看看生物有哪些奇妙的生存本领。

了不起的动物建筑师

在野外生活，无论是凶猛的食肉动物还是温和的食草动物，都需要一个可供藏身的地方。有些动物不太讲究，直接利用树木或岩石上的天然洞穴，有些动物则自己建造家园。

河狸啃倒树木，在河流中修筑水坝，等水坝截住水流，形成池塘，再将巢穴建在池塘中央；獾特别擅长掘洞，它们的地下洞穴有好多个出入口，以及多到数不清的房间；白蚁用唾液、粪便和沙土颗粒混合，再加上嚼烂的木头纤维，建造出混凝土一样坚固的高大蚁巢；至于织叶蚁，它们不会平地起高楼，也不会吐丝结网，但它们会攀上一片大叶，首尾相接，组成一条条蚁"绳"把周围的叶子连接起来，之后再"缝合"叶片边沿，制成蚁巢……对了，鸟类更是筑巢的高手，白头海雕的巢穴装得下一辆小轿车，群织雀的巢穴能同时居住100多对鸟儿，蜂鸟的巢看起来像一个杯子，竟有多层杯壁！

没有动物们做不到，
有你想不到！

100

为了领地，战斗！

在动物世界里，打斗是重要的日常。不过，动物打斗不是为了显摆自己有多凶猛强大，而是为了确保自己和后代能生存下来。最常见的打斗原因是保卫领地。

动物和入侵者面对面时，并不会直接开打，而是先进行试探性的交手，彼此评估对方的实力，比如发出吼叫、膨胀身体，这样做都是为了使自己比对手看起来更强大。若是这几招都不奏效，动物还会张开大嘴，露出牙齿或者吐舌头，以吓退敌人。有些动物还会吐口水，这么做虽然没什么破坏力，但是"侮辱性极强"，让对手很不舒服。

如果以上招数全部无效，那就只剩最后一招——开打！撕咬、踢踹、摔跤都是常见打法。

重要提示：危险动作，请勿模仿！

伪装大师

为了生存，生物还会隐藏自己。

知名度最高的伪装大师应该是变色龙了，它们能够随心情变换体色。还有些动物，比如北极兔，能够随季节变换改变体色，夏天身披暗淡的褐色夏装，到了冬天换上白色的冬装，这样能很好地隐藏在环境中。

有的动物，比如老虎，藏在灌木丛里时，身上的条纹装能模糊自己的轮廓，让猎物看不清自己。有的动物能伪装成别的物体，比如竹节虫能使自己看起来像树枝，叶蝉能使自己看起来像树叶，兰花螳螂能使自己看起来像一朵兰花。这样一来，捕食者会误以为这些都是不能吃的东西。哦，对了，还有的动物会让自己看起来像坨便便！

除了动物，植物也有拟态现象。蜂兰的花朵非常像雌蜂，能够吸引雄蜂。雄蜂在尝试和"雌蜂"交配时，正好帮助蜂兰完成了授粉的过程。

你能在 1 秒内找出隐藏在画面中的猫头鹰吗？

致命武器

动物们为了避免被猎手捉住吃掉，进化出了致命的防御武器。

毒液绝对算得上终极防御武器。蜘蛛通过将螯咬向猎物注入毒液，蛇的毒液沿着中空的毒牙流出，蝎子和一些昆虫的尾巴末端则长着带有毒液的毒刺！

臭鼬的尾巴根部有臭腺，里面储存着奇臭无比的液体，这些液体可以喷射好几米远！角蜥能从眼角附近喷出血流，这股血流中含有难闻的化学物质，让攻击者退避三舍。

还有些动物，虽然没有毒腺、臭腺等特殊的器官，却可以通过皮肤上的腺体分泌出气味令人作呕的物质，这些物质有时还有毒。哈哈，猜到了吧，我说的是癞蛤蟆！箭毒蛙则通过鲜艳的体色提前警告捕食者它有毒。箭毒蛙的毒素主要来自食物，它通过吃掉有毒的昆虫，将毒素转移到自己体内。

103

一年一度动物大迁徙

每年7月，在非洲东部，旱季刚到，地球上规模最大的动物大迁徙便开始了。数百万动物集体向北移动，迁往水源充沛的地方，直到11月雨季来临才回来。迁徙队伍中有角马、斑马、瞪羚、长颈鹿等。这些动物虽然都吃草，但有的喜欢上层草，有的喜欢中层草，有的喜欢下层草。就餐有分层，觅食不打架，美食享不停！

还有些动物迁徙是为了寻找配偶并繁殖后代，比如印度洋圣诞岛上的红蟹。一年中有两到三个月，数百万只红蟹会组成迁徙大军，从雨林中的洞穴出发，来到海滩交配，在海水中产卵。

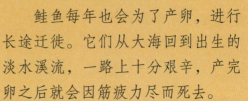

鲑鱼每年也会为了产卵，进行长途迁徙。它们从大海回到出生的淡水溪流，一路上十分艰辛，产完卵之后就会因筋疲力尽而死去。

大多数旅途都是沿着固定的路线往返。

所以，动物大迁徙可不仅仅是一道风景，它们如此辛苦，都是为了生存哪！

104

在黑暗中生活

　　很多动物并不在阳光下活动，而是在夜幕的掩护下觅食，它们是夜行性动物。

　　夜行性动物之所以选择在夜间活动，通常是为了躲避白天的高温、捕食者或者其他竞争对手。还有一些动物原本就生活在深海、地下或洞穴这种黑暗的环境中，天生就有在黑暗中导航和觅食的本领。

　　仓鸮是非常优秀的夜行性动物，能在伸手不见五指的环境中捕猎。它们靠敏锐的听觉定位猎物，然后无声地俯冲，用尖锐的利爪抓住猎物。

　　蝙蝠的视力很差，但它们一点儿也不在意，因为蝙蝠也是夜间活动的猎手，它们靠回声定位追踪和捕捉猎物。

　　鮟鱇生活在黑暗的大海深处。在这样的地方捕食，没几把刷子可不行。鮟鱇的头顶有一个发光器官不断闪光，能吸引猎物游向它张开的大口！

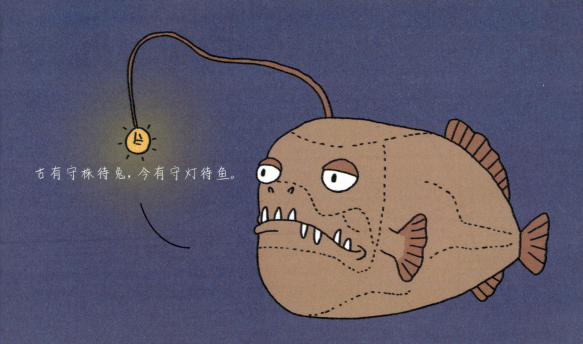

古有守株待兔，今有守灯待鱼。

休息，休息一下

在极度缺水、缺少食物或极度寒冷、炎热的情况下，有些生物会休眠，通过减少活动来保存能量。

蜗牛你一定很熟悉吧？它是一种会夏眠的动物。为了躲避夏季的高温，蜗牛将自己封闭在壳内，进入夏眠模式。

冬天，刺猬、蛇和很多熊会进入冬眠模式。冬眠的时候，它们的体温、心跳和呼吸的频率都会明显降低。

有一种小型生物通常生活在水里。如果周围的环境过于干燥，它会将身体蜷起来，关闭体内的代谢系统，以一种假死的状态暂停生命活动，甚至能达 10 多年。一旦有水，它就能复活。这种小型生物的名字是水熊虫。

有些昆虫还会延时发育。如果一只菜粉蝶在夏末产下卵，到了冬季，已经进入蛹的阶段的它们会停止发育，等到春天来临，气温回升再继续发育。

延时发育这种能力实在是太绝了！

求偶是个正经事

生存可不只是活下来这么简单，求偶也是一件非常重要的事！每到繁殖季，许多动物都会展示千奇百怪的绝技，它们唱歌、跳舞、盖房子，甚至打架，都是为了求得异性的青睐。

极乐鸟为了求得异性的芳心，跳起炫酷的舞蹈；园丁鸟为了吸引异性，用瓶盖、花瓣、树枝等一切它觉得好看的东西装饰鸟巢。

那些性格鲁莽的家伙们，比如海象、长颈鹿和大熊猫，为了争夺交配权，干脆和同性进行血腥的战斗，有的还为此丧命！

有的动物为了求偶，挖空心思准备礼物，礼物大多是美味的食物。雄螳螂干脆把自己当作礼物奉献给雌螳螂——它们甚至有时在交配时会被雌螳螂吃掉。

还有些恋爱中的动物体形相差太大，为了求偶，雄性干脆寄生到雌性体内。你知道这是谁吗？答案是鮟鱇！

都是你喜欢的颜色。
亲爱的，你觉得怎么样啊？

嗯……还不错。

种子的旅行搭档

植物不能四处移动去寻找更好的家园，但它们能产生种子。可是，种子如果不旅行，植物们照样不能像如今这般遍布地球。

说到这里，必须向你介绍种子的各种旅行搭档了。这个搭档有时是水，椰子的搭档便是海水；有时是风，蒲公英的种子就是在风的帮助下旅行的；有时是动物，豨莶（xī xiān）草的果实外面布满钩刺，粘在动物身上便能四处旅行。樱桃等植物的果实被鸟吞进肚子，鸟儿飞到远方，将未消化的种子排出来，种子便在新环境里生根发芽。

有些植物为了让动物帮自己的种子旅行，会耍点儿"小聪明"。非洲有一种银木果灯草，种子的外形、气味都模仿当地一种羚羊的便便。屎壳郎傻傻分不清楚，成了免费的劳力，无意中帮银木果灯草的种子进行了长途旅行。

什么？！你说我滚了一坨假便便？！

1828 年，俄国骑兵从长满豨莶草的克里木半岛经过，马尾粘了很多果实。这些果实随着骑兵旅行，仅仅半个世纪就传遍了半个地球！

走进科学家的实验室：如何研究生物学？

如果你已经翻完了前面的每个章节，一定发现了每个章节的最后都有一个专栏，带你走进科学家的实验室。现在，是时候跟你聊聊生物学家是如何做研究的了。

生物学家和其他领域的科学家一样，用观点来解释世界。他们根据自己的亲眼所见或者其他生物学家的成果得出自己的观点。有了观点之后，他们要证实这个观点是否正确，这就需要做实验。生物学家通常先提出假设，然后做实验，记录实验结果，再对结果进行解读。高水平的生物学家会将实验成果写成论文，让全世界的科学家都可以读到它。

有时，科学家也会犯错。他们或是错误解读了实验，得出错误的结果；或是因为需要的技术还没有被发明出来，无法验证自己的观点。不过，即使科学家的想法被证明是错误的，他们也不会放弃，而是换个思路，继续前进！

第九章
演化：生命的历史

　　起初，地球是一个大火球，温度很高，到处都有火山喷发，没有氧气，也没有生命。

　　随着地球温度逐渐降低，再加上一场又一场大雨，原始的海洋形成了。

　　后来，海洋中出现了原始细胞。再后来，古菌出现，蓝藻出现……从那时到现在，细胞从原核细胞到真核细胞，生物从单细胞生物到多细胞生物，生命变得越来越高级，种类和数量也越来越多。

　　最早的原始细胞怎么也不会想到，在几十亿年之后，它的后代的后代的后代的……后代，竟能如此高级。生命在这期间经历了什么？究竟是什么原因，导致地球上有这么多种生物？

答案便是——演化。

这就是演化

难以下咽。

好奇怪的味道

　　想象一下：一群迁徙的鸟儿迷失了方向，停靠在陌生的小岛上。小岛十分荒芜，唯一的食物是海岸边的虾。爱吃虾的鸟儿留了下来，不爱吃虾的鸟儿飞走了。留下来的鸟儿产卵、孵化，新一代鸟儿中，爱吃虾的活了下来，不爱吃虾的饿死了。再后来，活下来的鸟儿也产卵、孵化……许多年过去了，当初那些离开的鸟儿的后代来到这个小岛，它们发现，留在岛上的远亲已经变得和它们很不一样，成了新的物种。

　　这就是演化。

　　生命一出现，演化就开始了。起初，地球上没有氧气，最早的生命只是原始细胞，过了数亿年，一种名叫蓝藻的单细胞生物出现了，蓝藻不仅能适应新环境，还能改变环境。它们利用太阳光进行光合作用，释放出大量氧气，地球随之诞生了许多喜欢氧气的单细胞生物。再后来，大约 6 亿年前，多细胞生物出现了。

　　在那之后，地球上出现过很多生物，有些灭绝了，有些不断演化，直到成为今天的地球生物。

嗯。

我觉得这虾味道不错！

演化随时随地都在发生，不局限于一座岛，更不局限于动物。

112

生命之树

今天的地球上，生存着数百万种生命。算上已经灭绝的，那可就更多了。从最初的一个细胞，到如今遍布全球的动物、植物、微生物，生物是怎么演化成今天这样的？

有人说，生物的演化是直线式的，从一种到另一种，然后再变成另一种。这样想的话，可太小看演化这件事了。事实上，演化像一棵不断生长的大树，最早的原始细胞是树根，有了树干以后，再往不同的方向生发出许多分支。

如果一个分支枯死，生命之树会在别的地方长出新的分支。每一个幸存下来的分支，又生发出更多新的分支。

随着生命之树的分支越来越多，物种的数量也越来越多。直到现在，每一年都会有新物种被发现，它们大多是小型无脊椎动物。有许多新发现的物种等待着分类和命名，因为需要确定它们究竟是真正的新物种，还是已知物种的变种。

当一个物种的最后一个个体死亡时，这个物种便灭绝了。地球上曾经生存过的99%的物种都灭绝了。

113

假如生命的历史只有一天

从最初的生命到今天我们熟悉的动植物，生命的演化用了难以想象的漫长时间。如果把这个过程压缩到一天，那我们人类直到最后一分钟才出现！

在这样的时间尺度下，每分钟相当于320万年。

一切起源于一个无限的奇点，包括时间。

00:00　奇点爆炸了！从这一瞬间开始，宇宙产生了时间和空间，才产生了万事万物。

00:01　地球形成了。　46亿年前

05:45　在阳光照射下的海洋，最早的单细胞生物——蓝藻出现了。蓝藻也叫蓝细菌、蓝绿藻，只是一个简单的细胞，但它拥有分裂和"自我复制"的能力，并能够利用阳光，进行光合作用，制造氧气。　35亿年前

20:35　最早的多细胞动物出现了。海绵是第一个最原始的多细胞动物，是所有动物的祖先。　6.3亿年前

21:00之后，演化开始加速！

21:12　各种各样的生命突然呈现爆发式增长，地球上热闹了起来！　5.3 亿年前

21:58　有些鱼类用鱼鳍撑起身体，爬上了陆地。这些会走路的鱼便是最早的两栖动物。　3.8 亿年前

22:00　海滩边的植物越来越高大，有些产生了种子，扩散到更远的陆地。昆虫长出了翅膀，开始在空中飞行。　3.5 亿年前

22:20　爬行动物出现了。　3 亿年前

22:42　爬行动物中逐渐演化出恐龙。陆地上迎来了长达 1 亿多年的"恐龙时代"。　2.4 亿年前

23:06　一些长有翅膀的恐龙学会了飞行，逐渐演化成鸟类。　1.55 亿年前

23:42　恐龙灭绝了。哺乳动物加速演化。　6600 万年前

23:59　现代人，也就是智人出现了。　25 万年前

24:00　生命的演化仍在继续。现在，未来会发生什么？我们无法预知。但有一件事是肯定的：只要地球还存在，生命就会继续，演化也会继续。

现在

翻开化石这本书

科学家是怎么知道古代生物长什么样，又是怎么生存的呢？答案是：通过化石。

生物死后，如果迅速被泥沙、沙尘或火山灰埋藏，就不容易被分解氧化，时间久了，经过石化变成石头，也就是化石。有时，生物没有成为化石，但它们留下的其他痕迹，比如足迹、洞穴、粪便等会形成"遗迹化石"。

跟生物的一生比起来，化石的一生可太长太长了，它们能够留存几亿年！科学家像侦探一样工作，翻开化石这本书，拼出生命的历史。

你有没有想过，科学家是怎么找到化石，并进行研究的呢？说起来，这工作挺艰辛的，光是找化石就得费好大的劲儿，因为化石形成以后，通常深藏在地下，只有在岩石受到磨损或发生移动时才会露出来。科学家发现化石之后，还得借助工具，非常非常小心地把化石从岩石中剥离出来，运回实验室进行研究。

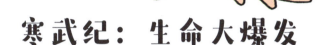

寒武纪：生命大爆发

地球的历史实在太长了，科学家把地球的历史分成一段一段的，称之为"纪"。大约 5.39 亿年前，地球进入寒武纪，那时，奇怪的事情发生了，有着坚硬外壳的动物突然演化出来了。

这件事听起来似乎没什么大不了，但影响巨大。在这之前，动物都软乎乎的，没法形成化石。现在，它们有了坚硬的外壳，可以形成化石保存下来了。其中数量和种类最多的是一种名叫三叶虫的节肢动物。

寒武纪一直持续到 4.85 亿年前。由于那时地球的大气中没多少氧气，一切生命都生活在海洋中。除了三叶虫这样的硬壳动物，海底还生活着大量海绵、蠕虫、珊瑚等。

说来也怪，大自然在寒武纪似乎特别调皮，像是在试错一般，演化出了好多新物种，却没让它们存活下来，比如名字很奇怪的怪诞虫就只生活在寒武纪。也有一些不断演化，它们虽然已经灭绝，但它们的后代成为我们今天看得到的物种，比如皮卡虫，它被怀疑是现在脊椎动物的祖先。

117

泥盆纪：鱼儿上岸啦！

大约 4.19 亿年前，地球进入泥盆纪。泥盆纪也被称为鱼类的时代，因为这时期的鱼类，特别是原始鲨鱼的数量特别多。

泥盆纪大约持续到 3.59 亿年前，在这个纪的末期，一些鱼开始用它们的鳍行走，鳍就像它们的足，帮助它们"爬"到陆地上。这样的鳍和真正的脚比起来差别很大，但是，千万别小瞧勇敢迈上陆地的第一条"四足"鱼，它的一小步，等于演化的一大步。要知道，这时候的陆地上只有昆虫和植物，什么其他动物也没有。若是没有它，就不会有后来的两栖动物、爬行动物，更不会有恐龙！

对了，这个时期还演化出了肺鱼。这可是被称为活化石的动物，直到现在它们都还生存在地球上。肺鱼有肺，也有鳃，既能在水下呼吸，也能在水面呼吸。

我的勇气可不是豹子胆给的！

石炭纪：好大好大的虫

假如时光倒流，回到 3.5 亿年前的石炭纪，你会发现这个时期的昆虫，哦不，巨虫，简直大得不可思议！光是蜻蜓的翼展就有快 1 米长！马陆的身体就更不用说了，差不多有 3 米长！拥有这么大的身体，虫虫们根本不用像现在的昆虫那样东躲西藏，而是大大方方，甚至十分嚣张地活着。

石炭纪被称为石炭纪，实实在在地跟"炭"有关。那时候，地球气候温暖湿润，地面布满沼泽，有史以来最繁盛的森林在地球上快速生长。植物们腐朽后沉入地下，最终成为煤炭，这些煤炭几乎占了地球现存煤炭总量的一半以上。也正是因为石炭纪的森林创造了丰富的氧气，大气中高达 45% 的氧气含量才会让虫虫们演化得特别大。

石炭纪一直持续到 2.99 亿年前，在石炭纪的末期，最早的爬行动物出现了。它们不用再像之前的两栖动物那样，一到繁殖季就得返回水中产卵，而是完完全全地生活在陆地上，无论产卵、孵化还是生长。

这是我谣传的太奶？！

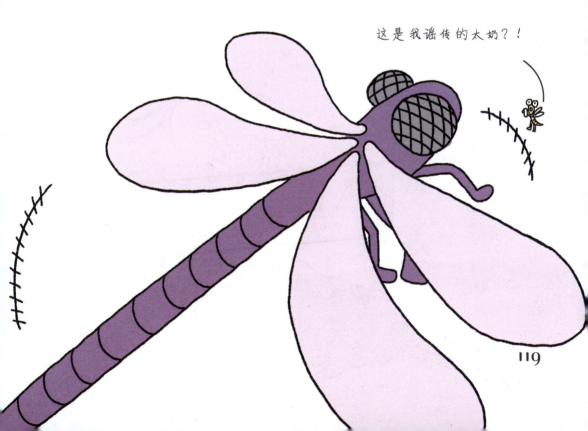

三叠纪：蜥蜴回到海洋里

三叠纪大约始于2.52亿年前，这个时期，地球上演化出了一种新的动物——鱼龙。

鱼龙属于爬行动物。爬行动物的祖先早在泥盆纪末期便摆脱海洋，登上陆地，并不断演化，直到完完全全生活在陆地上，成为爬行动物。可是，鱼龙似乎不怎么领祖先的情，不愿继续在陆地上生活，而是尝试着回到祖先生存的海洋中，并取得了成功。

光看鱼龙的样子，你很难把它们跟爬行动物联系到一起。鱼龙拥有流线型的外形，似乎天生就是水生生物；鱼龙背上长着鳍，鳍能够用来游泳；鱼龙鼻孔靠近头顶，方便在水面上呼吸……乍一看，鱼龙更像是海豚，畅游在三叠纪的海洋中。

尽管鱼龙已经演化为完美适应海洋环境的生物，大自然却又跟它们开了个玩笑，1亿多年后，鱼龙灭绝了。取代它们的是一群被称为"沧龙"的爬行动物，它们也适应海洋生活，成为新的海洋霸主。

鱼龙的官方大名的字面意思是"鱼蜥蜴"。

120

侏罗纪：恐龙时代

　　大约从 2 亿年前开始，地球进入侏罗纪。这个时期也被称为恐龙时代。

　　那可真是一个明星辈出的时代啊！巨大的蜥脚类恐龙悠闲地咀嚼着苏铁和蕨类植物，它们中的腕龙、马门溪龙等像长颈鹿一样长着长长的脖子，身体却是长颈鹿的好几倍大！剑龙、三角龙等恐龙虽然也以植物为生，却长着骇人的身体，有的背上长着骨板，有的头上长着尖角，看起来威猛无比。食肉恐龙们争相捕食食草恐龙，最厉害的食肉恐龙霸王龙简直是其他所有恐龙的噩梦，它们饿急了连同类都吃，科学家证实它们会捕食幼年的霸王龙！

　　各种各样的恐龙分布在各个大陆，它们一直生存到下一纪——白垩纪的末期才灭绝。在恐龙兴盛时期，我们人类的祖先还只是一种小得可怜的哺乳动物，为了躲避恐龙，只敢在晚上出来活动。

这些骨板既能散热，也能保护身体。

白垩纪：爬行动物也会飞

　　每当看到恐龙时代的场景图，我们总能看到长着翅膀的动物在天空中盘旋。但是，这些长翅膀的动物不是鸟类，也不是恐龙，而是会飞的爬行动物——翼龙。

　　翼龙是白垩纪的空中霸主。和今天的鸟类一样，翼龙的种类也有很多：有的身体不大，嘴巴小而尖，主要吃花蜜或昆虫；有的体形中等，嘴巴能撬开坚果；还有的身体超大，嘴巴锋利，能够捕食小型恐龙！至于翼龙的祖先究竟是谁，科学家还没有找到答案，但是，通过研究化石，科学家已经知道，翼龙之所以会飞，是因为它们特殊的翅膀。翼龙的翅膀是皮肤连起来的一张网，其中包含了气囊，气囊有助于它们在飞行中获得足够多的氧气。

　　有些体形庞大的翼龙不仅称霸天空，还是陆地上的顶级猎食者，它们是风神翼龙。风神翼龙拥有结实的长脖子，站起来跟长颈鹿差不多高，翼展能达到11米。它们大部分时间在陆地生活，它们的菜单里面有不少小型恐龙。

　　在白垩纪，地球上终于出现了会开花的植物。恐龙比早期的生物看到的风景更美丽！

第四纪：人类时代

有些科学家认为，在白垩纪的最后一段日子，一颗直径大约10千米的小行星撞击地球，统治地球长达约1.6亿年的恐龙灭绝了。当地球恢复平和之后，幸存下来的哺乳动物走出洞穴，迅速发展壮大。

258万年前，地球进入第四纪冰期。急剧的环境变化迫使所有动物必须不断适应新的环境，许多哺乳动物灭绝了，但灵长类却练就了直立行走的本领，开启了地球上最辉煌的"人类时代"。为了适应直立行走的生活，灵长类动物的骨骼、内脏和其他器官相应发生了许多变化。它们的手变得更加灵巧，它们逐渐学会了使用工具，甚至制造工具。它们还群居在一起，彼此互相帮助，最终在非洲成功演化出智人——现在所有人的祖先。

智人四处探索，离开非洲，走向世界，建立国家，创造文明，发展科技，从原始社会一路狂奔到现在，进入科技时代。

植物是如何演化的？

　　动物在不断演化的过程中，植物也没有落后，它们比动物更早一步从海洋"爬"上陆地。从藻类到苔藓，再到蕨类和今天的种子植物，植物的演化从未停止。

　　藻类植物是地球上最早出现的植物，其中一种名叫绿藻，它便是后来陆地上广布的绿色植物的祖先。

　　大约 4.8 亿年前，海洋中的藻类逐渐"爬"上了陆地。但是，因为陆地环境过于干燥，大部分植物生长在潮湿的环境中。为了获取水分，它们像地毯一般，匍匐在地上生长，它们便是最初的苔藓植物。

　　后来，植物演化出根、茎、叶、花等器官。如今，地球上种类最多、分布最广、适应性最强的植物种类，便是能够开花结果的被子植物。它们的种子包裹在厚厚的果皮中，被牢固地保护着。

我是藻类。

越变越美啦！

我是被子植物。

我是苔藓。

我是蕨类。

我是裸子植物。

生物大灭绝事件

　　有些科学家认为，地球历史上发生过5次生物大灭绝事件，在短短的时间里，许多生物同时灭绝了。

　　第1次发生在4.4亿年前，奥陶纪末期。宇宙中一颗中子星和黑洞相撞，产生了几束伽马射线暴，其中一束击中地球，引发了生物大灭绝。

　　第2次发生在3.77亿年前，泥盆纪末期。地球忽然开始剧烈晃动，火山喷发和气候变冷引发生物大灭绝。

　　第3次发生在2.5亿年前，二叠纪末期。一颗或多颗陨石从天而降，引发了生物大灭绝。

　　第4次发生在2亿年前，三叠纪末期。一颗巨型陨石飞速撞向地球，在撞击过程中，又分裂出4块大陨石和成千上万块小陨石，直接导致生物大灭绝。

　　第5次发生在6600万年前，白垩纪末期。一颗直径约10千米、质量约2000亿吨的小行星碎片进入地球大气层，引发生物大灭绝。

　　许多科学家认为现在正是第6次生物大灭绝时期，由于资源的大量消耗、大面积的环境污染、人类的滥砍滥伐和滥捕乱杀，地球上的物种正在快速减少。

走进科学家的实验室：
像达尔文一样思考

今天，我们知道物种会随着环境的改变而发生改变。可是在几百年前，人们普遍认为，生物一旦被创造出来就不会变化。第一个提出"生物随着地球的变化而不断变化"的人是英国生物学家查尔斯·罗伯特·达尔文。如果没有他，恐怕现在人们还认为是某种神秘的力量创造了地球上的生物,那么生物学家也就没有用武之地了。

达尔文自小就喜欢大自然，他把大部分时间都花在采集植物和捕捉昆虫上。1831 年，刚刚大学毕业的他，乘坐"贝格尔"号军舰，以博物学家的身份踏上环球航行之旅，沿途见到了许多他从未见过的生物。完成航行后，达尔文便一头扎进了他位于英国的家中开展研究。他仔细观察从国外收集的标本，得出了一个结论——地球上的生物都源于同一个祖先，并在各自的环境中进化发展。很快，他写下了一本关于"为什么地球拥有多种多样生物"的著作，这就是大名鼎鼎的《物种起源》，它为生物学的发展带来了巨大改变。

达尔文提出，人和猴子拥有共同的祖先，这在那个时代可是惊人的理论。

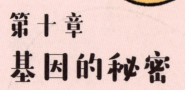

第十章
基因的秘密

你知道达尔文的进化论吧？

一直以来，达尔文的进化论被认为是世界上最伟大的科学思想之一。简单来说，进化论说的是，生物都有遗传和变异的特性，一些变异个体能很好地适应自然环境，并把特征传递给后代；一些则不能适应自然环境，最终被淘汰。

达尔文提到了遗传。可惜，以达尔文时代的科学水平，他实在弄不明白遗传究竟是怎么回事。不过，现在的科学家已经知道，基因决定了遗传。

一看就懂的遗传学

基因是什么样子的？很抱歉，基因实在是太小太小了，人们很难把它描述清楚。简单来说，基因是一段 DNA 序列。你还记得吗？DNA 是细胞工厂的厂长，所有的工厂指令都由它下达。DNA 中便包含了很多个基因。

你可能还知道，生命离不开蛋白质，而蛋白质是由氨基酸组成的。如果说每一种氨基酸是一个单词，那么基因便是由 20 个代表氨基酸的单词和 1 个表示"停下"的单词组成的句子。也就是说，基因是"一个这样的氨基酸加一个这样的氨基酸，再加一个这样的氨基酸……好了，停！"这样的句子。当 DNA 把一个个这样的句子当作指令，下达给细胞工厂的各个部门，生物便被建造出来了。

以上便是遗传学的基本原理。你看懂了吗？

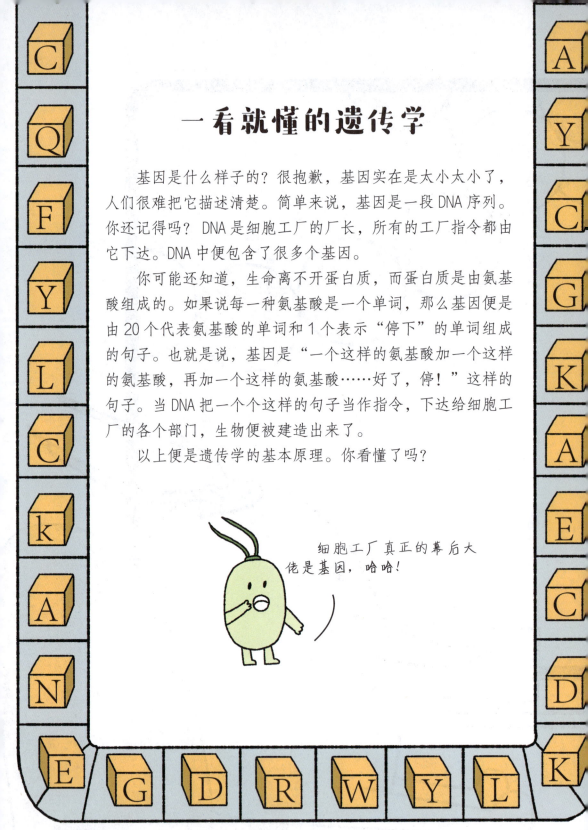

细胞工厂真正的幕后大佬是基因，哈哈！

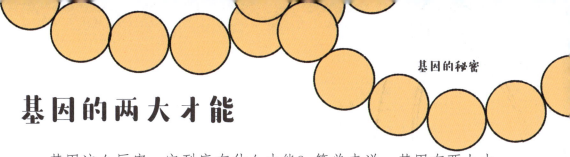

基因的两大才能

基因这么厉害，它到底有什么才能？简单来说，基因有两大才能——复制和突变。

复制很好理解，大狗生小狗，就是因为大狗的基因复制了自己，并传递给了小狗。这可是遗传性状一代代传下去的关键，也关系到你是怎么长得像爸爸妈妈的。

突变很特殊，需要一定的条件才能实现。一般来说，基因可以稳定地复制自己，但是万一发生什么意外，基因的复制过程便会出现偏差，这会导致突变。突变是随机的，无论动物、植物还是微生物，都有可能在任何时候发生基因突变。如果突变有利于生物适应环境，生物就能生存，并保证演化的顺利进行；如果突变不利于生物适应环境，甚至产生疾病，生物就会死亡。

X射线、激光、紫外线、某些化学物质、某些细菌和病毒都有可能引起基因突变。

虽然很多因素都可能引起基因突变，但你不用害怕，因为在自然条件下发生的突变非常罕见，不然它就不叫"突"变了。

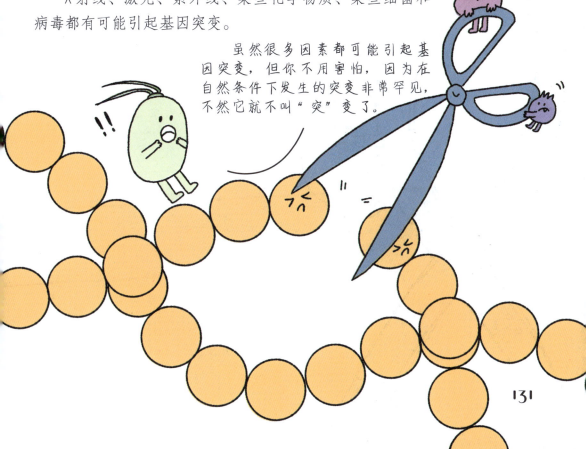

131

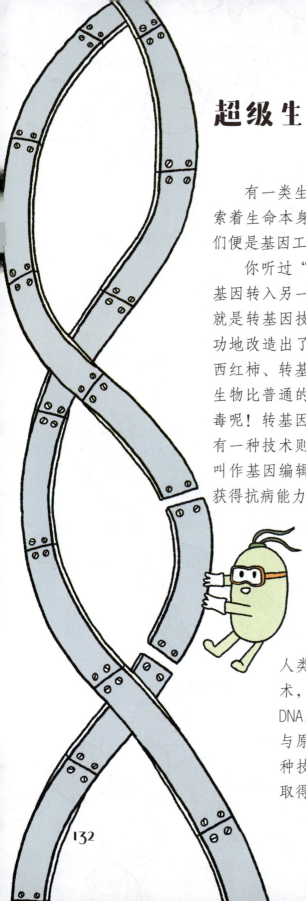

超级生物黑客

有一类生物，它们游荡在科学界的边缘，探索着生命本身的终极限制，算得上黑客一族。它们便是基因工程的产物。

你听过"转基因"这个词吧？把一种生物的基因转入另一种生物中，从而定向地改造生物，就是转基因技术。科学家利用这种技术，已经成功地改造出了转基因大米、转基因大豆、转基因西红柿、转基因鲫鱼、转基因猪等。这些转基因生物比普通的生物生存能力更强，有的还能抗病毒呢！转基因技术是把外来的基因移植进来，还有一种技术则是针对生物自身的基因进行编辑，叫作基因编辑。科学家通过基因编辑技术，可以获得抗病能力更强的生物。

我来扮演一下黑客。

还有一类生物黑客，是克隆生物。人类早在1996年便已经掌握了克隆技术，能够从现有动物的细胞中提取出DNA，将其注入另一个细胞，从而获得与原来的动物完全相同的复制品。这种技术已经在牛、猪、猴和羊身上都取得了成功！

我们能复活恐龙吗？

既然人类已经掌握了克隆技术，那么，我们能用克隆技术复活早已灭绝的生物，比如恐龙吗？

你不是第一个这么想的人。按理说，只要有了恐龙的细胞，提取出恐龙的DNA，把恐龙的DNA注入一个现生动物的卵细胞，得到一个正常的受精卵细胞，然后，把它植入一个母体的子宫内，克隆的恐龙就会按照常规的方式出生。这不就复活恐龙了吗？

很多人，包括科学家也想知道答案。但事实是，即使科学家能在恐龙化石中找到DNA，还将面临一个超级大的困难。动物DNA的半衰期只有521年，也就是说，每过521年，DNA就会损坏一半。恐龙生活的时代在6600多万年前，它们的DNA在几千万年的时间里早已经完全损坏，根本不可能有完整的遗传信息。

很遗憾，以目前的生物技术还没有办法复活恐龙。

复活的恐龙是见不着了，但你可以见到恐龙的后裔！它们是鸟类。

走进科学家的实验室：
达尔文遇见孟德尔

　　遗传学的开端始于格雷戈尔·孟德尔，一位19世纪的奥地利生物学家。他曾经在豌豆上做实验，研究遗传。1865年，他大胆推测，生物的遗传特征是由遗传因子决定的。

　　尽管孟德尔和达尔文从未见过面，但假如他们相遇，谈话现场可能是这样的：

查尔斯，你的自然选择学说很伟大！

谢谢！不过，我对遗传究竟是怎么回事还不怎么清楚。

或许我可以帮你。我做了一些豌豆的育种试验，发现了一些规律。

哦，你发现了什么？

是遗传因子决定了豌豆的遗传特征！它们有的决定种子形状，有的决定种子大小，有的决定花的颜色，有的决定豆荚的形状……遗传因子还会代代相传。

太棒了！不知遗传因子是什么样的，你看到了吗？

咳，这恐怕得留给未来的科学家了。

你好，我叫格雷戈尔。

孟德尔所说的遗传因子，正是"基因"。

你好，我叫查尔斯

后记
生命的未来

　　此时此刻，在你阅读这一行文字的时候，演化还在继续。生命的未来是什么样的？谁也无法想象。

　　作为人类，我们的寿命正变得越来越长，人口的数量不断增加，出现新的突变的可能性也比以往任何时候都要大。遗传突变难以预测，就连科学家也在争论：人类是否已经达到生物学意义上的高峰？谁知道我们会向何处发展？

　　我们甚至不能确定，地球是不是唯一一个拥有生命的星球。如果其他星球上真有生命存在，那里的外星人很可能不是碳基生命。

　　又或者，在我们至今只探索了不到十分之一的海洋的深处，是否还生活着某种我们难以理解的生物？而它，或许是地球环境不断变化之后的生物的未来。

　　生物学有太多太多的未知了。"21世纪将是生命科学的世纪"这一预言正在逐步变成现实。亲爱的读者，未来的生物世界，等待你去探索。

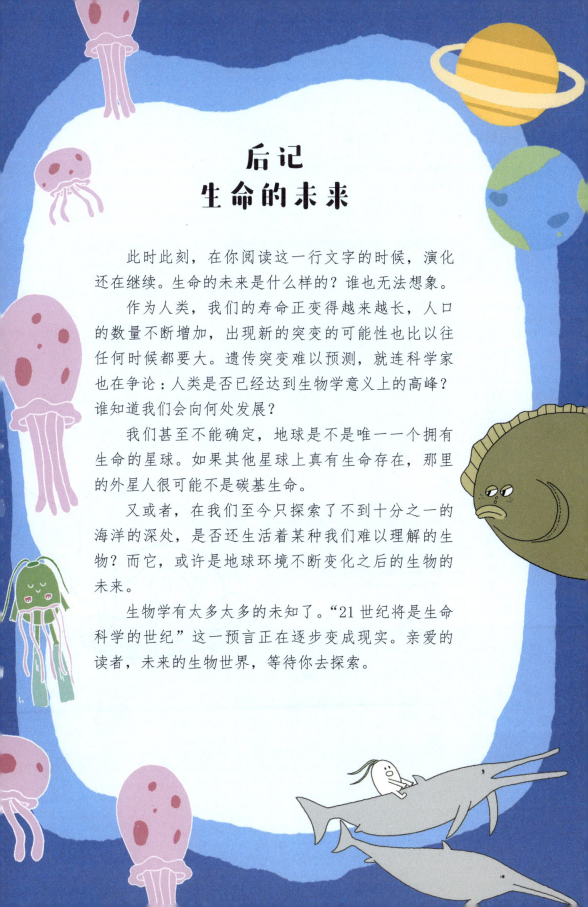

图书在版编目（ＣＩＰ）数据

1 分钟读懂科学 . 迷人的生物 / 苏小谦著 . -- 福州 ：
福建少年儿童出版社，2024.4
　ISBN 978-7-5395-8482-9

　Ⅰ . ① 1… Ⅱ . ①苏… Ⅲ . ①科学知识—少儿读物②
生物—少儿读物 Ⅳ . ① Z228.1 ② Q-49

中国国家版本馆 CIP 数据核字 (2024) 第 041185 号

1 FENZHONG DU DONG KEXUE MIREN DE SHENGWU
1 分钟读懂科学·迷人的生物

著　　者：苏小谦
出版发行：福建少年儿童出版社
社　　址：福州市东水路 76 号 17 层（邮编：350001）
经　　销：福建新华发行（集团）有限责任公司
印　　刷：福州德安彩色印刷有限公司
厂　　址：福州市金山浦上工业园区 B 区 42 幢
开　　本：710 毫米 ×1000 毫米　1/16
印　　张：8.5
版　　次：2024 年 4 月第 1 版
印　　次：2024 年 4 月第 1 次印刷
ISBN 978-7-5395-8482-9
定　　价：28.00 元

如有印、装质量问题，影响阅读，请直接与承印厂联系调换。
联系电话：0591-28059365

拜拜！